無水調理だけじゃない、1鍋8役。

「万能無水鍋」におまかせ！毎日のごはん

藤井 恵

文化出版局

はじめに

私は仕事柄さまざまな調理器具を使う機会がありますが、プライベートでは、料理によって鍋やフライパンを使い分けることはしません。
むしろ、その逆。たった一つの調理道具で、煮物、炒め物、蒸し物、揚げ物などいろいろな料理を作っています。
その調理道具とは、1鍋で8役こなせる「万能無水鍋」です。
万能無水鍋・大(口径26cm)でおかずを作り、小(口径23cm)でご飯を炊くというぐあいに、家族のごはん作りはこの鍋にすべておまかせです。

今回、この「万能無水鍋」をご紹介するにあたり、多くの方が作りやすいよう、我が家のレシピをブラッシュアップしました。
毎日のごはん作りが楽しく、おいしくなるお手伝いができたら幸せです。

藤井 恵

CONTENTS

はじめに 2
万能無水鍋とは 4

1 蒸しゆで

- キャベツの蒸しゆで 8
- キャベツと豚ひき肉のみそ炒め 10
- キャベツとささ身のエスニックサラダ 10
- キャベツのスクランブルエッグのせ 10
- キャベツとソーセージのスープ 10
- ブロッコリーとあさりのワイン蒸し 12
- 青梗菜とハムのゆずこしょう蒸し 12
- もやしとちくわのさっと蒸し 12
- オクラとベーコンのカレー蒸し 12
- ほうれん草の蒸しゆで 14
- ほうれん草のオイスターソースがけ 15
- ほうれん草と豆腐のとろみスープ 15
- ほうれん草と豚肉の炒め 15
- じゃがいもの蒸しゆで 16
- じゃがいものごまあえ 17
- じゃがいもピリ辛韓国風 17
- じゃがいもと豚しゃぶのサラダ 17
- ごぼうとベーコンのバルサミコ蒸しサラダ 18
- 蓮根とじゃこの塩きんぴら風 18
- 蒸し枝豆の塩さんしょう風味 18
- さつまいものはちみつ風味 18
- 大豆の蒸しゆで 20
- 豆のサラダ 21
- 大豆のガーリックソテー 21
- 大豆のおかずみそ 21
- かぼちゃのポタージュ 22
- カリフラワーのポタージュ 24
- パプリカのポタージュ 24
- にんじんのポタージュ 25
- 玉ねぎのポタージュ 25

2 蒸し煮

- 肉じゃが 26
- 豚バラ大根の煮物 28
- かぶのそぼろ煮 29
- 筑前煮 30
- なすの田舎煮 31
- 手羽先と里芋のタイ風煮物 32
- 鶏肉のココナッツミルクカレー 33
- たらとじゃがいもの白ワイン煮 34
- レンズ豆とスペアリブの煮込み 35
- 鶏もも肉と白いんげん豆のカスレ風 36
- カポナータ 37
- ホワイトシチュー 38
- ビーフストロガノフ 39

3 蒸し炒め

- なすとピーマンの甘みそ炒め 40
- きんぴらごぼう 42
- 白菜とえびのクリーム煮 43
- 牛肉ときのこのかた焼きそば 44
- 八宝菜 45

4 揚げる

- 油淋鶏（ユーリンチー） 46
- ヤンニョンチキン 48
- あじの南蛮だれがけ 49
- フライドポテト風 50
- 揚げ豆腐の肉みそ炒め 51
- 黒酢酢豚 52
- えびのチリソース 53
- マーボーなす 54
- さばのコチュジャン煮 55

5 蒸し焼き

- 焼き豚 56
- ローストビーフ 58
- ステーキ 60
- ローストポーク 61
- ミートローフ 62
- ハンバーグ 64
- 鶏の照り焼き 65
- 豚のしょうが焼き 66
- ポークチャップ 67
- お好み焼き 68
- スペイン風オムレツ 69

6 じか蒸し

- 蒸し鶏 70
- シュウマイ 72
- 蒸しえびギョウザ 73
- 茶碗蒸し 74
- 蓮根もち 75

7 炊く

- 白飯 76
- かやくご飯 78
- えびピラフ 79
- 赤飯 80
- 中華風おこわ 81

8 デザート

- チーズケーキ 82
- カステラ 84
- ヨーグルトパンケーキ 85
- プリン 86
- 大学いも 87

- 1カップは200mℓ、大さじ1は15mℓ、小さじ1は5mℓです。
- 米の量を表わす1合は180mℓです。

万能無水鍋とは

1953年に広島で生まれたアルミニウム鋳物鍋「無水鍋」。その機能やデザイン性をより向上させた鍋です。

- 素材はアルミニウムの特殊合金
- つまみは熱くなりにくいプラスチック性
- 柄はプラスチック製で熱くなりにくい
- 両手で持ちやすい設計に
- ふたのHAL印が本体のHAL印と合うと、ふたが密閉されて無水調理ができる
- ふたのHAL印を注ぎ口に合わせると、ふたと鍋の間にすきまができ、ふたをしたままゆでこぼしが可能
- 注ぎ口
- 内側は全面フッ素樹脂加工。食材がくっつきにくい
- 混ぜやすい深さ、洗いやすい鍋のカーブ
- ふたのエッジの凹凸が高い密閉性の秘密
- 注ぎ口
- ふたの溝は、注ぎ口に合わせるとゆでこぼしや蒸気抜きが可能
- ふたの裏側も全面フッ素樹脂加工

1 無水鍋とフライパンの機能を一つに集結

無水鍋の名前の由来にもなった「無水調理」とは、乾物以外は余分な水を加えず、素材にもともと含まれている水分や油分を生かし、素材の持ち味を引き出す調理法。万能無水鍋はこの無水鍋の特徴を生かしながら、焼く、炒める、揚げるなど、フライパンが得意とする調理法にも対応できる、まさに万能な鍋です。

2 厚手の鋳物鍋だから丈夫。しかも軽い！

万能無水鍋は、無水鍋と同様、アルミニウムの特殊合金で作られています。鍋底の最大厚さ5.5㎜。鋳物ならではのしっかりとした厚みがありながら、扱いやすい軽さも持ち合わせています。その理由は、アルミニウムは、鉄、ステンレスのわずか約1/3の比重だから。軽くて丈夫。毎日使う鍋だからこそ、使いがってのよさは重要です。

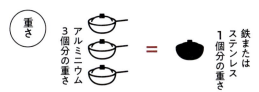

3 とにかく熱回りがいい！

万能無水鍋の素材である「アルミニウム」は、非常に熱伝導に優れた金属です。鉄の約3倍、ステンレスの約14倍の熱伝導率で、火にかけるとすぐに温まり、熱が鍋全体に均一に回り、そして高温を保ちます。家庭のガスこんろやIHでも、お店の料理に負けないでき上がりに！

4 高い保温力で、光熱費も節約

優れた熱効率を持つアルミニウムの特性を生かし、調理がぐんとスピードアップ。保温力にも優れているため、火を止めた後も高温が続きます。余熱を上手に使うことで、ガスや電気の節約にも役立ちます。

5 うまみを引き出し、栄養を逃さない

万能無水鍋の最大の特徴である「無水調理」。余分な水を加えずに調理することで、食材本来の味、香りなどを薄めることがなく、持ち味をしっかりと引き出します。加えて、素材に含まれるビタミンやミネラルなどの流出を防ぐことができ、栄養を逃しません。

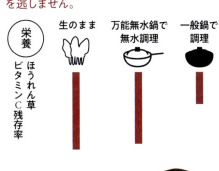

長く大切に使うために

＊万能無水鍋は、本体、ふたともに、内側にフッ素樹脂加工を施しており、くっつきにくく、扱いやすい設計になっています。そのため、金属性へらなど、フッ素樹脂加工を傷つける可能性のある調理器具はNG。へら、ターナー、お玉などは木製、シリコン製を使用してください。トングも先の部分にシリコン加工を施してあるものを使ってください。

＊ふたを裏返すと、二つの鍋を重ねることが可能。鍋を重ねる場合はフッ素樹脂加工が傷つかないよう、間にふきんやペーパータオルを敷いてください。

＊火加減の「強火」は、鍋底からはみ出さない程度が目安です。熱伝導率がいいため、強火2分で鍋全体が熱くなります。

＊調理後は、鍋が高温のうちに洗うなど、急激に冷やすと、フッ素樹脂加工を傷めます。少し放置して、粗熱が取れたくらいで洗いましょう。

無水調理とのコンビネーションで1鍋8役。いつもの料理がもっとおいしく、早く簡単に。

無水調理

ふたをして加熱すると密閉状態になり、
無水調理ができます。
食材にもともと含まれている水分や油分を生かし、
うまみや滋味を短時間で引き出します。

蒸し炒め

鍋全体に均一に熱が回って高温をキープ。
炒め物が短時間でさっと火が通るので、
水っぽくならず、しゃきっと炒め上がります。
油も控えられるのがうれしいところ。

蒸しゆで

キャベツ1個、ほうれん草2束を
約大さじ2の水でゆでることができます。
水に溶け出すビタミンやミネラルなど、
栄養の流出を防ぐため、ヘルシーです。

揚げる

少量の揚げ油でなんでもかりっと
ジューシーに揚げることができます。
熱伝導率が高いためか、油の減りも少なく、
ちょっとした節約にもなります。

蒸し煮

水を加えるたっぷりの煮汁はもう不要。
ふたをして蒸すようにして煮るから、
素材の持ち味が上手に引き出されます。
しょうゆやみりんなどの調味料も
最小限で味がしみわたります。

蒸し焼き

熱伝導率の高さと肉厚構造によって
やさしい火加減でも「遠火の弱火」に近い状態に。
ハンバーグは焦げずにきれいな焼き色がつき、
かたまり肉はむらなく中まで均一に火が通ります。

じか蒸し

下ごしらえした料理を万能無水鍋に並べ、
ごく少量の水を注いで、ふたをして加熱すると
まるで蒸し器のように使うことができます。
工夫次第でさまざまな料理が作れます。

炊く

万能無水鍋は無水鍋を進化させた鍋。
だから炊飯にもうってつけです。
アルミの優れた熱伝導によって、熱が均一によく回り、
ご飯一粒一粒が立った、ふっくらもちもちの仕上がりに。

天火

ふたをして密閉状態にし、ごく弱火にかけます。
すると熱が鍋全体に回り、オーブンのような役割を
果たします。
万能無水鍋でケーキを上手に焼くことができます。

ふたの便利な使い方

湯をきる

鍋本体の注ぎ口と、ふたのHALマークを合わせると、
すきまができます。
ふたをしたまま、蒸気を抜いたり、
ゆでこぼしたり、油きりをしたりが可能です。

ひっくり返す

ふたの内側全体にもフッ素樹脂加工を施してあるため、
大きく焼いたお好み焼きなどをひっくり返すときに便利。
するりっと滑らせてふたに取り、
鍋本体に戻すことができます。

使用した鍋について

HAL万能無水鍋23
長さ46.8×高さ13.2cm
内径23cm
お米3合まで

HAL万能無水鍋26
長さ50.3×高さ13.7cm
内径26cm
お米5合まで

マークについて

 ふたを閉める　　 ふたを取る　　火加減と加熱時間は目安です。

大量の野菜がたった大さじ2の水でゆでられます。キャベツ1個分もラクラク。

1 蒸しゆで

野菜をゆでるには、鍋に材料と少々の水を入れ、ふたをして火にかけるだけ。大量の湯を沸かす必要がないので、手間も時間もかかりません。アルミニウム鋳物の厚手のふたが蒸気を逃がさず、ほぼ無水で蒸し上がり、素材の甘みやうまみが引き立ちます。

キャベツの蒸しゆで

材料（作りやすい分量　万能無水鍋26cm使用）
キャベツ…1個（1kg）
A 塩（野菜の重さの0.5%）…5g（小さじ1）
　　水…大さじ2

作り方
① キャベツは5cm角ほどに切り、鍋に入れる。Aを回しかけ、ふたをして（閉まらないのでのせる程度でOK）強火にかける。

強火5分
＋
中火1分　　加熱時間
＋　　＝　　7分
中火1分

② 5分強火で加熱する。ふたが自然に閉まり、蒸気が上がってきたら、中火にし、1分加熱する。

③ ふたを取り、底から返す。再びふたをし、さらに中火で1分加熱する。

④ 蒸しゆでキャベツのでき上がり。

キャベツ1個分を蒸しゆでに。
アレンジを楽しめるので作りおきにおすすめ。

⑤ 蒸しゆでキャベツに、粗びき黒こしょう少々、オリーブ油適量をかけて。好みのドレッシング、ぽん酢しょうゆなどでいろいろに楽しんで。

蒸しゆでキャベツを使った、ボリュームのあるアレンジ料理。

キャベツと豚ひき肉のみそ炒め

材料（2人分） 万能無水鍋23cm使用
蒸しゆでキャベツ（p.8参照）…300g
豚ひき肉…150g
酒…大さじ1
サラダ油…小さじ1
A みそ…大さじ1
　砂糖…小さじ1
　しょうゆ…小さじ1/2
　にんにく（すりおろし）…少々

作り方
① ひき肉に酒を入れて混ぜ、油を熱した鍋に入れ、中火でパラパラになるまで2分ほど炒める。
② Aを加えて1分ほど加熱し、蒸しゆでキャベツを加え、さっと混ぜる。

中火2分 ＋ 中火1分 ＝ 加熱時間 3分

キャベツのスクランブルエッグのせ

材料（2人分） 万能無水鍋23cm使用
蒸しゆでキャベツ（p.8参照）…300g
A 卵…2個
　牛乳…大さじ3
　マヨネーズ…大さじ2
　塩、こしょう…各少々
サラダ油…小さじ1
黒こしょう…少々

作り方
① Aを混ぜる。鍋に油を熱し、Aを入れて、木べらで混ぜながら、中火で1分ほど加熱し、とろとろの半熟になったら火を止める。
② 器に蒸しゆでキャベツを盛り、①をのせ、好みで黒こしょうをふる。

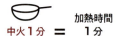
中火1分 ＝ 加熱時間 1分

キャベツとささ身のエスニックサラダ

材料（2人分） 万能無水鍋23cm使用
蒸しゆでキャベツ（p.8参照）…300g
鶏ささ身…4本
A 酒、しょうが汁…各小さじ1
　塩、こしょう…各少々
ミニトマト…8個
香菜…少々
B ナンプラー、レモン汁…各小さじ2
　砂糖、水…各小さじ1
　赤とうがらし（小口切り）…1本分
　にんにく（みじん切り）…1かけ分

作り方
① 鍋に鶏ささ身、Aを入れてもみ混ぜ、ふたをして強火で2分加熱し、ピチピチと音がしたら、中火にして3分加熱する。火を止め、5分そのまま蒸らす。取り出して冷まし、食べやすい大きさに裂く。
② 器に蒸しゆでキャベツ、半分に切ったミニトマト、①、香菜を盛り、Bを混ぜてかける。

強火2分 ＋ 中火3分 → 火を止め蒸らす5分 ＝ 加熱時間 5分

キャベツとソーセージのスープ

材料（2人分） 万能無水鍋23cm使用
蒸しゆでキャベツ（p.8参照）…200g
ソーセージ…200g
バター…10g
A 白ワイン…大さじ2
　粒マスタード…大さじ1
　水…1 1/2カップ
塩…少々

作り方
① 蒸しゆでキャベツは細切りにする
② 鍋を熱してバターをとかし、①、ソーセージを入れて中火で1分ほど炒め、Aを入れて、中火で4分ほど煮る。塩で味を調える。

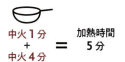
中火1分 ＋ 中火4分 ＝ 加熱時間 5分

●キャベツと豚ひき肉のみそ炒め
肉を炒めて味つけし、蒸しゆでキャベツと混ぜるだけ。
遅く帰った日のクイックごはんに。

●キャベツとささ身のエスニックサラダ
無水調理でささ身を加熱すると、ぱさつかず仕上がりなめらか。
蒸しゆでキャベツとあえて。

●キャベツのスクランブルエッグのせ
熱伝導率のいい万能無水鍋なら、とろとろスクランブル
エッグが上手にできます。蒸しゆでキャベツにのせて。

●キャベツとソーセージのスープ
蒸しゆでキャベツをスープに。ソーセージからいいだしが
出るので、スープのもとは不要です。

万能無水鍋でふたをして加熱するだけ。野菜のおかずいろいろ。

ブロッコリーとあさりの
ワイン蒸し

材料（2人分） 万能無水鍋23cm使用
ブロッコリー…300g
あさり（砂抜きしたもの）…200g
にんにく（みじん切り）…1かけ分
オリーブ油…大さじ1
白ワイン…大さじ2
塩…小さじ1/3
こしょう…少々

作り方
① ブロッコリーは小房に分ける。あさりは殻をこするようにして洗う。
② 鍋に油、にんにく、ブロッコリー、あさりを入れ、白ワインを回しかけ、ふたをして強火で5分加熱する。
③ ふたを取り、底からざっと混ぜて、塩、こしょうで味を調える。

強火5分 ＝ 加熱時間 5分

青梗菜とハムの
ゆずこしょう蒸し

材料（2人分） 万能無水鍋23cm使用
青梗菜…200g
ハム…4枚
A ゆずこしょう…小さじ1/2
　　酒…小さじ2
　　しょうゆ…小さじ1/2

作り方
① 青梗菜は上下半分に切り、根元部分は六つに割る。ハムは6等分の放射状に切る。Aは混ぜておく。
② 鍋に青梗菜、A、ハムを入れ、ふたをして強火で3分加熱する。
③ ふたを取り、底からざっと混ぜる。

強火3分 ＝ 加熱時間 3分

もやしとちくわのさっと蒸し

材料（2人分） 万能無水鍋23cm使用
もやし…200g
ちくわ…1本
A 酒、水…各大さじ1
　　しょうゆ…小さじ1/2
万能ねぎ（小口切り）…2本分

作り方
① ちくわは薄切りにする。Aは混ぜておく。
② 鍋にA、もやし、ちくわを入れ、ふたをして強火で3分加熱する。
③ ふたを取り、底からざっと混ぜる。器に盛り、万能ねぎをのせる。

強火3分 ＝ 加熱時間 3分

オクラとベーコンのカレー蒸し

材料（2人分） 万能無水鍋23cm使用
オクラ…10本
ベーコン…3枚
バター…10g
A 白ワイン…小さじ2
　　カレー粉…小さじ1
　　塩…少々

作り方
① オクラはがくをむく。ベーコンは細切りにする。Aは混ぜておく。
② 鍋にバター、オクラ、ベーコンを入れ、Aを回しかける。ふたをして、強火で3〜4分加熱する。
③ ふたを取り、底からざっと混ぜる。

強火3〜4分 ＝ 加熱時間 3〜4分

蒸しゆで

◉ブロッコリーとあさりのワイン蒸し
ブロッコリーはシャキシャキ、あさりはふっくら。
あさりのうまみを野菜が吸っておいしい。

◉青梗菜とハムのゆずこしょう蒸し
葉物野菜も水っぽくなく仕上がるのが万能無水鍋のいいところ。
ゆずこしょうは好みで加減を。

◉もやしとちくわのさっと蒸し
ちくわからいいだしが出ます。
もやしのほかに豆苗やレタスでも同様に作れます。

◉オクラとベーコンのカレー蒸し
強火で短時間の加熱だから、野菜の緑が鮮やか。
大切な栄養も損なわれにくいのがうれしい。

あくのある野菜は、蒸しゆでのあと、湯きりをします。水に放すのも鍋の中で。

大量のほうれん草もたった大さじ2の水で蒸しゆでにできます。

ほうれん草の蒸しゆで

材料(作りやすい分量) 万能無水鍋26cm使用
ほうれん草…600g (約3束)
A 塩…3g (小さじ½強)
　水…大さじ2

強火2分
＋
中火1分　＝　加熱時間
＋　　　　　4分
中火1分

作り方
① ほうれん草は5〜6cm長さに切り、葉と茎部分に分ける。鍋にほうれん草の茎部分を入れ、葉をのせ、Aを回しかける。
② ふたをして、強火で2分加熱。蒸気が上がってきたら、中火にして1分加熱。ふたを取り、底から混ぜて上下を返し、再びふたをして1分加熱する。
③ 火を止め、ふたのHAL印を注ぎ口に合わせ、鍋を傾けて湯をきる。
④ ふたを取り、水をたっぷり加え、ほうれん草が冷えたら手で水気を絞る。

ほうれん草のオイスターソースがけ

材料(2人分)
蒸しゆでほうれん草…200g
オイスターソース…小さじ2
ごま油…小さじ½

作り方
蒸しゆでほうれん草を器に盛り、オイスターソースをかけ、ごま油をふる。

ごく簡単にいただくなら、
ゆでたてで、少し生温かいくらいがおいしい。

ほうれん草と豆腐のとろみスープ

材料(2人分) 万能無水鍋23cm使用
蒸しゆでほうれん草…100g
絹ごし豆腐…½丁
A 中華スープのもと…小さじ1
　水…1½カップ
塩、こしょう…各少々
B 片栗粉…小さじ2
　水…大さじ2

作り方
① 絹ごし豆腐は5cm長さの棒状に切る。**B**は混ぜておく。
② 鍋に豆腐、**A**を入れて中火にかけ、煮立ったら蒸しゆでほうれん草、塩、こしょうを加える。再び煮立ったら、**B**を回し入れてかき混ぜ、とろみがついたら火を止める(計3~5分)。

中火 3~5分 ＝ 加熱時間 3~5分

このほうれん草をストックしておくと、
汁物が簡単。あと1品に活躍するメニュー。

ほうれん草と豚肉の炒め

材料(2人分) 万能無水鍋23cm使用
蒸しゆでほうれん草…200g
豚肩ロース肉(しょうが焼き用)…200g
A [しょうゆ、酒…各小さじ½]
片栗粉…小さじ1
ごま油…大さじ½
B しょうゆ…小さじ2
　砂糖、酒、豆板醤…各小さじ1
　にんにく、しょうが(各すりおろし)…各1かけ分

作り方
① 豚肉は5~6cm長さに切り、**A**をもみ込む。**B**は混ぜておく。
② 鍋に油を熱し、①の肉に片栗粉をふってもんでから加え、中火で炒める。肉がほぐれたら、**B**を加えて炒める。
③ 肉に火が通ったら、蒸しゆでほうれん草を加え、手早く炒め合わせる(計3~4分)。

中火 3~4分 ＝ 加熱時間 3~4分

ご飯のおかずにおすすめの、甘辛しょうゆ味の
炒め物も、あっという間に作れます。

大量の湯を沸かす必要はなし。いもや根菜類は、少し浸る程度の水でゆでられます。

じゃがいもが少し浸るくらいの水で蒸しゆでにし、ふたをして湯をきって。

じゃがいもの蒸しゆで

材料(作りやすい分量)　万能無水鍋26cm使用
じゃがいも…3個(450g)
A 水…¾カップ
　塩…小さじ½弱

作り方
① じゃがいもは皮をむいて6〜8等分に切り、水でさっと洗う。鍋に入れ、Aを注ぐ。水の量は、じゃがいもが少し浸る程度。
② ふたをして強火で2分加熱。蒸気が出てきたら、中火にして10分加熱する。
③ 火が通った状態。まだ少し水気が残っている。
④ ふたをし、HAL印を注ぎ口に合わせ、鍋を傾けて水気をきる。

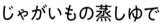

強火2分 + 中火10分 = 加熱時間 12分

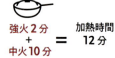

じゃがいものごまあえ

材料(2人分)
蒸しゆでじゃがいも…200g
白すりごま…大さじ1

作り方
蒸しゆでじゃがいもが温かいうちにごまを加え、あえる。

シンプルな味わい方です。
ごまのほかに、粉チーズやかつ節でもおいしい。

じゃがいもピリ辛韓国風

材料(2人分)　万能無水鍋23cm使用
蒸しゆでじゃがいも…300g
にんにく(すりおろし)…1かけ分
ごま油…大さじ½
A　コチュジャン…小さじ2
　　みりん、はちみつ…各大さじ½
　　しょうゆ…小さじ1
白いりごま…少々

作り方
① 鍋ににんにく、油を入れて中火にかける。香りがしたら、蒸しゆでじゃがいもを入れ、全体がこんがりするまで焼く。
② Aを混ぜてから①に加えて手早くからめ、ごまをふる(計3～4分)。

中火3～4分 ＝ 加熱時間 3～4分

蒸しゆでじゃがいものまわりをこんがり焼いて、
コチュジャンベースの甘辛だれであえて。

じゃがいもと豚しゃぶのサラダ

材料(2人分)　万能無水鍋23cm使用
蒸しゆでじゃがいも…300g
豚ロース薄切り肉(しゃぶしゃぶ用)…200g
A [マヨネーズ、酒…各大さじ1]
糸三つ葉…1袋(80g)
ぽん酢しょうゆ…大さじ4

作り方
① ボウルにA、豚肉を入れて混ぜ、10分おく。三つ葉は葉を摘み、茎は5cm長さに切る。
② 鍋に湯を沸かし、三つ葉の茎を入れ、さっとゆでて取り出す。続けて①の肉を1枚ずつ入れ、中火で沸騰させないよう火を通し(色が変わったらOK)、ざるに上げる(計5～7分)。
③ 器に蒸しゆでじゃがいも、②、三つ葉の葉を合わせて盛り、ぽん酢をかける。

中火5～7分 ＝ 加熱時間 5～7分

豚しゃぶに蒸しゆでじゃがいもを加えるだけで、
ぐんとボリュームアップ。

根菜やいもの、ふたをして火にかけるだけの、蒸しゆでおかず。

ごぼうとベーコンのバルサミコ蒸しサラダ

材料（2人分）　万能無水鍋23cm使用
ごぼう…200g
ベーコン（ブロック）…50g
にんにく（みじん切り）…1かけ分
赤とうがらし（半分に切る）…1本分
オリーブ油…大さじ½
水…大さじ3
A バルサミコ酢…大さじ2
　塩…小さじ⅓
　はちみつ…小さじ½

作り方
① ごぼうは表面をこすって洗い、5cm長さに切ってから縦六つ割りに切る。ベーコンは5mm角の棒状に切る。
② 鍋に油、にんにく、ごぼう、ベーコン、赤とうがらし、分量の水を入れ、ふたをして強火で2分加熱する。蒸気が出てきたら中火にして10分加熱する。
③ ふたを取り、Aを加え、中火で1分ほど炒めながら調味料をからめる。

強火2分
＋
中火10分
→ 中火1分 ＝ 加熱時間 13分

蒸し枝豆の塩さんしょう風味

材料（2人分）　万能無水鍋23cm使用
枝豆（枝がついていないもの）…200g
A 水…大さじ3
　ごま油…大さじ½
　塩、粉ざんしょう…各小さじ⅓

作り方
① 鍋にA、枝豆を入れ、ふたをして強火にかけ、7分加熱する。
② 火を止めてざるに上げ、冷ます。

強火7分 ＝ 加熱時間 7分

蓮根とじゃこの塩きんぴら風

材料（2人分）　万能無水鍋23cm使用
蓮根…200g
ちりめんじゃこ…30g
A 塩…小さじ¼
　水…大さじ2
　酒、みりん…各大さじ1
ごま油…小さじ1

作り方
① 蓮根は皮をむき、薄い半月切り、またはいちょう切りにする。
② 鍋に油、①の蓮根を入れ、ちりめんじゃこ、Aを加え、ふたをして強火にかけ、2分加熱する。蒸気が出てきたら中火にし、7～8分加熱する。
③ ふたを取り、底から全体を混ぜる。

強火2分
＋
中火7～8分
＝ 加熱時間 9～10分

さつまいものはちみつ風味

材料（2人分）　万能無水鍋23cm使用
さつまいも…200g
A 塩…小さじ½弱（2g）
　水…大さじ5
B はちみつ…大さじ1½
　しょうが（細切り）…1かけ分
　レモン汁…大さじ½
　かぼちゃの種、くこの実…各少々

作り方
① さつまいもは皮つきのまま1.5cm幅の輪切りにし、水にさらす。
② 鍋にA、さつまいもの水気をきって入れ、ふたをして強火にかけ、2分加熱する。弱めの中火にして15分加熱する。
③ ふたを取り、中火で2分汁気を飛ばし、Bを加えて混ぜながら味をからめる。

強火2分 → 中火2分 ＝ 加熱時間 19分
＋
弱めの中火15分

蒸しゆで

◦ごぼうとベーコンのバルサミコ蒸しサラダ
バルサミコとはちみつを使った、洋風煮物。
ほんのり甘酸っぱい味つけです。

◦蓮根とじゃこの塩きんぴら風
ちりめんじゃこの塩気とうまみがいいだしに。
酒のつまみにも合います。

◦蒸し枝豆の塩さんしょう風味
枝豆も大さじ3の水で蒸しゆでに。
大量の水を沸かす必要はありません。

◦さつまいものはちみつ風味
さつまいもは大さじ5の水で蒸しゆでに。
しっとり煮えて、甘さもさわやか。

大豆はたった1カップの水で、ふたをして約40分。豆のうまみが引き出されます。

② 大豆はゆでるとアクが出るので、蒸気が上がったら一度ふたを取り、アクを除くのがポイント。

大豆の蒸しゆで

材料(作りやすい分量)
万能無水鍋26㎝使用
大豆(乾物)…300g
水…1カップ

準備
大豆は洗い、たっぷりの水に浸して6〜7時間おく。

作り方
① 大豆の水気をきって鍋に入れ、分量の水を注ぎ、ふたをして強火で3分加熱する。
② 蒸気が上がったらふたを取り、アクをすくう。
③ 再びふたをし、弱めの中火で30〜40分ゆでる。
④ 指でつぶせるほどのやわらかさになったら、ゆで上がり。火を止め、そのまま冷ます。

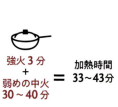

強火3分
＋
弱めの中火
30〜40分
＝
加熱時間
33〜43分

豆のサラダ

材料（2人分）
蒸しゆで大豆…100g
トマト…½個
きゅうり…½本
紫玉ねぎ…¼個
香菜…1株

A 白ワインビネガー…大さじ1
　クミンパウダー…小さじ½
　塩…小さじ⅓
　こしょう…少々
　オリーブ油…小さじ1

作り方
① トマト、きゅうりは1cm角に切る。玉ねぎ、香菜はみじん切りにする。
② ボウルにAを混ぜ、①、蒸しゆで大豆を入れてあえる。

蒸しゆで大豆をすぐ食べるならコレ！
クミンパウダーがなければカレー粉でOK。

大豆のガーリックソテー

材料（2人分）　万能無水鍋23cm使用
蒸しゆで大豆…200g
にんにく（みじん切り）…1かけ分
オリーブ油…大さじ1
塩、こしょう…各少々
粉チーズ…大さじ1

作り方
① 鍋に油、にんにくを入れて弱火にかけ、香りが立ったら、蒸しゆで大豆を入れて中火で炒める。
② 油が回ったら、塩、こしょうする（計4～6分）。器に盛り、粉チーズをふる。

弱火1～2分　加熱時間
＋　　　　＝ 4～6分
中火3～4分

ストックした蒸しゆで大豆をささっと炒めて、
粉チーズをふるだけ。ワインのつまみやおやつにも。

大豆のおかずみそ

材料（2～3人分）　万能無水鍋23cm使用
蒸しゆで大豆…100g
ちりめんじゃこ…30g
にんにく（みじん切り）…1かけ分
長ねぎ（みじん切り）…⅓本分
ごま油…小さじ2

A コチュジャン…大さじ1
　みそ…大さじ1
　砂糖…小さじ1
　白いりごま…小さじ2

作り方
① 蒸しゆで大豆はフォークなどで粗くつぶす。
② 鍋に油を熱し、にんにく、ねぎを弱火で炒める。香りが立ったら、ちりめんじゃこを加え、中火で炒める。
③ 油が回ったら、①の大豆、Aを加え、さらに炒める。全体に調味料が回ったら、ごまを加え混ぜる（計8～10分）。

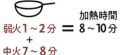
弱火1～2分　加熱時間
＋　　　　＝ 8～10分
中火7～8分

蒸しゆで大豆を粗くつぶし、コチュジャンや
みそを混ぜた韓国風。ご飯のお供やつまみに。

蒸しゆで野菜は、つぶして溶きのばせばポタージュに。

かぼちゃのポタージュ

材料（2人分）　万能無水鍋23cm使用
かぼちゃ（皮、種を除いたもの）…200g
玉ねぎ…1/4個
水…1/2カップ
牛乳または豆乳…1カップ
塩…小さじ1/3　こしょう、カルダモン…各少々

作り方
① かぼちゃはざく切りにする。玉ねぎは繊維を断ち切る方向で1cm幅に切る。鍋に入れ、分量の水を加える。

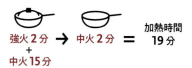

② ふたをして強火で2分加熱する。蒸気が出てきたら中火にし、15分加熱する。蒸しゆでにした状態。

③ ②をミキサーに入れて攪拌し、なめらかな状態にし、鍋に戻す。

④ 牛乳または豆乳を加えて中火で2分ほど温める。塩、こしょうで調味する。

β-カロテン、ビタミンEなどビタミン豊富なかぼちゃ。多めに作って、毎日の朝食をポタージュでスタート。

⑤ でき上がり。好みでカルダモンを散らして。

カリフラワーはくせがないので、
実はポタージュにおすすめの野菜。
蒸しゆでで野菜の甘みを引き出して。

さらっと飲みやすく、
温かいままでも、冷たくしてもおいしい。
好みでパプリカパウダーをふっても。

カリフラワーのポタージュ

材料（2人分）　万能無水鍋23cm使用
カリフラワー…200g
玉ねぎ…1/4個
水…1/2カップ
牛乳または豆乳…1カップ
塩…小さじ1/3　こしょう…少々

作り方
① カリフラワーは小房に分ける。玉ねぎは繊維を断ち切る方向で1cm幅に切る。
② 鍋にカリフラワー、玉ねぎ、分量の水を入れ、ふたをして強火で2分加熱する。蒸気が出てきたら中火にし、15分加熱する。
③ ②をミキサーに入れて攪拌し、なめらかな状態にする。
④ ③を鍋に戻し、牛乳または豆乳を加えて中火で2分ほど温める。塩、こしょうで調味する。

強火2分 → 中火2分 ＝ 加熱時間 19分
＋
中火15分

パプリカのポタージュ

材料（2人分）　万能無水鍋23cm使用
パプリカ…200g
玉ねぎ…1/4個
じゃがいも…1/2個
水…1/2カップ
牛乳または豆乳…1カップ
塩…小さじ1/3　こしょう…少々

作り方
① パプリカはへたと種を除き、四つに割って1cm幅に切る。玉ねぎは繊維を断ち切る方向で1cm幅に切る。じゃがいもは皮をむいて1cm幅に切り、さっと洗う。
② 鍋にパプリカ、玉ねぎ、じゃがいも、分量の水を入れ、ふたをして強火で2分加熱する。蒸気が出てきたら中火にし、15分加熱する。
③ ②をミキサーに入れて攪拌し、なめらかな状態にする。
④ ③を鍋に戻し、牛乳または豆乳を加えて中火で2分ほど温める。塩、こしょうで調味する。

強火2分 → 中火2分 ＝ 加熱時間 19分
＋
中火15分

にんじんのポタージュ

材料（2人分）　万能無水鍋23cm使用
にんじん…大1本
玉ねぎ…1/4個
ご飯…50g
水…1/2カップ
牛乳または豆乳…1カップ
塩…小さじ1/3　こしょう…少々

作り方
① にんじんは皮をむかずに2cm厚さの半月に切る。玉ねぎは繊維を断ち切る方向で1cm幅に切る。
② 鍋ににんじん、玉ねぎ、ご飯、分量の水を入れ、ふたをして強火で2分加熱する。蒸気が出てきたら中火にし、15分加熱する。
③ ②をミキサーに入れて攪拌し、なめらかな状態にする。
④ ③を鍋に戻し、牛乳または豆乳を加えて中火で2分ほど温める。塩、こしょうで調味する。

 → 　加熱時間
強火2分　　中火2分　＝　19分
＋
中火15分

抗酸化作用のあるβ-カロテンたっぷりのにんじん。
野菜不足解消には野菜スープがおすすめです。

玉ねぎのポタージュ

材料（2人分）　万能無水鍋23cm使用
玉ねぎ…大1個
じゃがいも…1/2個
水…1/2カップ
牛乳…1カップ
塩…小さじ1/3　こしょう…少々

作り方
① 玉ねぎは繊維を断ち切る方向で1cm幅に切る。じゃがいもは皮をむいて2cm幅に切り、さっと洗う。
② 鍋に玉ねぎ、じゃがいも、分量の水を入れ、ふたをして強火で2分加熱する。蒸気が出てきたら中火にし、15分加熱する。
③ ②をミキサーに入れて攪拌し、なめらかな状態にする。
④ ③を鍋に戻し、牛乳を加えて中火で2分ほど温める。塩、こしょうで調味する。

 → 　加熱時間
強火2分　　中火2分　＝　19分
＋
中火15分

蒸しゆでで玉ねぎの甘みを引き出してからつぶして。
仕上げに好みでオリーブ油をかけても。

蒸しゆで

2 蒸し煮

だし汁や余分な水は必要なし。蒸したようにほっこりと煮えます。

材料をざっと炒めたあと、調味料を加え、ふたをして加熱するだけ。万能無水鍋なら、野菜の持つ水分と最小限の調味料で、味が充分にしみわたります。

肉じゃが

材料（2〜3人分）　万能無水鍋23cm使用
牛切り落とし肉…200g
じゃがいも…2個
にんじん…½本
玉ねぎ…½個
サラダ油…小さじ2
酒…大さじ2
A ［しょうゆ、みりん、砂糖…各大さじ2］
絹さや（筋を除く）…12枚

作り方
① 牛肉は6cm長さに切る。にんじんは皮をむいて乱切り、玉ねぎは1cm幅に切る。じゃがいもは皮をむいて大きめの乱切りにし、さっと洗う。

② 鍋に油を熱し、玉ねぎ、にんじん、じゃがいもを順に加え、中火で4分、じゃがいもの表面が透き通るまで炒める。肉を加えてほぐしながらさらに2分炒める。

③ 酒を加え、ふたをして弱火で5分加熱する。

④ ふたを取り、Aを加え、弱めの中火にし、再びふたをして10分加熱する。

とにかく、じゃがいもがほくほく。
だしを入れなくても、肉や野菜のうまみで充分おいしい！

⑤ 絹さやを加え、中火に1分かけて煮汁を煮つめ、器に盛る。

万能無水鍋は、ご飯によく合う、しょうゆ味の煮物が得意。

大根の下ゆでさえも、少量の水でOK。
べっこう色に煮上がった大根は、ほろっと崩れるやわらかさ。

豚バラ大根の煮物

材料（2〜3人分）　万能無水鍋23cm使用
豚バラ薄切り肉(焼き肉用)…200g
酒…大さじ2
大根…1/3本(400g)
水…1/2カップ
しょうが(薄切り)…1かけ分
サラダ油…小さじ1
A　しょうゆ…大さじ1 1/2
　　黒砂糖(粉末)…大さじ1
　　みりん…大さじ1/2
　　赤とうがらし(種を除く)…1本

作り方

① 豚肉は6〜7cm長さに切り、酒をふって10分おく。大根は皮をむいて2cm厚さの輪切りにする。
② 鍋に大根、分量の水を入れ、ふたをして強火に2分かける。蒸気が出てきたら、中火にして5分加熱する。ふたを開け、大根はバットに取り出し、ゆで汁は捨てる。
③ 鍋をふき、油を熱し、豚肉を中火で2分炒める。肉の色が変わったら②の大根、しょうが、Aを加え、ふたをして弱火で30分煮る。

● 大根はめんどうでも下ゆですると、大根特有の苦みやくさみが抜ける。水は大根の高さの1/3ほど(約1/2カップ)でOK。

強火2分　→　中火2分　→　弱火30分　＝　加熱時間 39分
＋
中火5分

蒸し煮
28

水を加えず、かぶの水分と調味料で煮ます。ひき肉はあんにして食べやすく。

かぶのそぼろ煮

材料（2〜3人分）　万能無水鍋23cm使用
かぶ…4個（300g）
かぶの茎部分…50g
鶏ひき肉…150g
酒…大さじ2
A みりん…大さじ1
　しょうゆ…小さじ1
　塩…小さじ½
　砂糖…小さじ½
B 片栗粉…小さじ½
　水…大さじ½

作り方
① かぶは皮をむき、縦半分に切る。かぶの茎は4〜5cm長さに切る。Bは混ぜておく。
② 鍋に鶏ひき肉、酒を入れて菜箸で混ぜながら中火で2分炒める。その上にかぶをのせ、Aを加え、ふたをして中火で2分加熱する。蒸気が出てきたら弱火にし、10分加熱する。
③ かぶの茎を加え、中火で煮、Bを加えて混ぜながら煮立て、とろみがついたら火を止める（計1分）。

● ひき肉はパラパラになるまで炒め、上にかぶをのせると、肉のうまみをかぶが吸って逃さない。

 → → ＝ 加熱時間 15分
中火2分　中火2分　中火1分
　　　　＋
　　　弱火10分

筑前煮

材料(2〜3人分) 万能無水鍋23cm使用
鶏もも肉…1枚
A[しょうゆ、砂糖…各小さじ1]
干ししいたけ…4枚
にんじん…½本
蓮根…½節
ごぼう…½本
いんげん…6本
サラダ油…大さじ½
B 酒…大さじ2
　しょうゆ…大さじ1
　砂糖、みりん…各大さじ½
　塩…小さじ⅓

作り方
① 干ししいたけは水に浸してもどし、水気をきる(絞らない)。軸を除いて半分のそぎ切りにする。鶏肉はひと口大のそぎ切りにする。にんじん、蓮根は皮をむいて乱切りにする。ごぼうは皮をこすって洗い、乱切りにする。いんげんは長さを3等分に切る。
② 鍋に油を熱し、鶏肉の皮を下にして入れ、中火で2分ずつ両面を焼く。バットに取り出し、**A**をふってまぶす。
③ 空いた鍋に、にんじん、蓮根、ごぼう、しいたけを順に入れ、中火でその都度炒める(計4分)。
④ ②を汁ごと加え、ふたをして中火で5分加熱する。**B**を加え、再びふたをして中火でさらに10分加熱する。
⑤ いんげんを加え、混ぜながら中火で5分、汁気がほとんどなくなるまで炒める。

●肉は焼き目がつくまで炒め、野菜はしんなりするまで蒸し煮にしたあとで、調味料を加える。

和食の定番、焼く、炒める、煮るをひと鍋で。
蒸し煮にすることで味がしっかり素材にしみます。

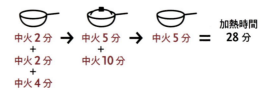
中火2分　→　中火5分　→　中火5分　=　加熱時間 28分
　+　　　　　　+
中火2分　　　中火10分
　+
中火4分

なすの田舎煮

材料（2〜3人分）　万能無水鍋23cm使用
なす…6本(480g)
煮干し…30g
赤とうがらし(種を除く)…2本
サラダ油…大さじ2
A　しょうゆ…大さじ2
　　酒…大さじ2
　　砂糖…大さじ1

作り方
① なすはへたを除き、縦に5mm間隔で切り込みを入れる。煮干しは頭を除いて縦に割り、わたを除く。
② 鍋に油、赤とうがらしを入れて熱し、なすを入れて中火で5分炒める。
③ 煮干し、Aを加え、ふたをして弱めの中火で20分加熱する。

● 炒めたなすに、煮干し、調味料を加えて蒸し煮に。煮干しはなすの上にのせることでだしがよくしみる。

なすは豪快に丸ごと切らずに。
煮干しはだしになると同時に、具材としておいしく食べられます。

 → 　加熱時間
中火5分　弱めの中火20分　＝　25分

エスニック風の煮物やカレーも必要最小限の調味料でOK。

ナンプラー、砂糖、とうがらしの甘辛味に。レモングラスはなければ入れなくても。

手羽先と里芋のタイ風煮物

材料（2〜3人分）　万能無水鍋23cm使用
鶏手羽先…8本（440g）
里芋…400g
サラダ油…大さじ2
A にんにく（みじん切り）…1かけ分
　　レモングラス（みじん切り）…10g
　　粉赤とうがらし（粗びき）…小さじ½
B ナンプラー…大さじ1½
　　砂糖、酒…各大さじ1
　　塩…小さじ⅓

作り方
① 手羽先は皮の反対側に、骨に沿って切り込みを入れる。里芋は皮をむいてひと口大に切る。
② 鍋に油、Aを入れて中火にかけ、香りが立ったら手羽先、里芋を順に加え、その都度炒める（計4分）。
③ Bを加えて混ぜ、ふたをして弱めの中火で20分加熱する。

●手羽先、里芋を炒め、油が全体に回ったら、調味料を加える。

 中火4分 → 弱めの中火20分 ＝ 加熱時間 24分

鶏肉に下味をつけるのがコツ。ココナッツミルクで煮るだけの簡単カレー。

鶏肉のココナッツミルクカレー

材料（2〜3人分）　万能無水鍋23cm使用
鶏もも肉…1枚
A にんにく（すりおろし）…1かけ分
　カレー粉…大さじ2
　ナンプラー、白ワイン…各大さじ1
　塩…小さじ½
玉ねぎ…½個
なす…2本
サラダ油…大さじ½
ココナッツミルク（缶詰）…1缶（400mℓ）
白飯、香菜…各適量

作り方
① 鶏肉はひと口大のそぎ切りにし、Aを加えてもみ込む。玉ねぎは5mm幅に切る。なすはへたを除いて乱切りにする。
② 鍋に油を熱し、①の鶏肉を入れて中火で3分ほど炒める。
③ 玉ねぎ、なす、ココナッツミルクを加え、ふたをして中火で12分加熱する。
④ 器に盛り、白飯にかけて食べる。好みで香菜を添えても。

● 鶏肉を色が変わる程度に炒めたら、野菜、ココナッツミルクを加えてふたをして煮る。

 中火3分 → 中火12分 ＝ 加熱時間 15分

洋風の煮込み料理も万能無水鍋でレストラン級の味わいに。

材料はシンプルですが、滋味あふれた味わい。
じゃがいもは煮崩れするくらいがおいしい。

たらとじゃがいもの白ワイン煮

材料（2〜3人分）　万能無水鍋23cm使用
たら…2切れ
塩…小さじ1/2
じゃがいも…3個
玉ねぎ…1個
にんにく（みじん切り）…1かけ分
オリーブ油…大さじ2
A　白ワイン…1/4カップ
　　塩…小さじ1/3
　　こしょう…少々
パセリ（みじん切り）…少々

作り方
① たらは皮、骨を除き、3等分に切り、塩をふって10分おく。じゃがいもは皮をむき、4等分に切って、水で洗う。玉ねぎは薄切りにする。
② 鍋に湯を沸かし、①のたらを入れて中火で30秒ゆで、ざるに上げる。湯は捨てる。
③ 鍋をふき、油、にんにく、玉ねぎを入れ、中火で3分、玉ねぎがしんなりするまで炒める。
④ じゃがいも、②のたら、Aを加え、ふたをして中火で15分加熱する。器に盛って仕上げにパセリをふる。

●たらは臭みがあるので、めんどうでも一度下ゆでをする。表面が白くなる程度ゆでればいい。

中火30秒　→　中火15分　＝　加熱時間 18分30秒
　＋
中火3分

蒸し煮

少々時間はかかりますが、万能無水鍋でふたをして煮込むと、
豆も肉もやわらかく仕上がります。

レンズ豆とスペアリブの煮込み

材料（2〜3人分）　万能無水鍋23cm使用
豚スペアリブ…6本(500g)
トマト…3個
玉ねぎ…1個
レンズ豆(乾燥)…100g
オリーブ油…大さじ1
A しょうが(すりおろし)…1かけ分
　にんにく(すりおろし)…1かけ分
　コリアンダーパウダー…小さじ1
　クミンパウダー…小さじ1
　粗びき黒こしょう…小さじ1/3
白ワイン…大さじ3
塩…小さじ1

作り方
① トマトはすりおろし、残った皮は捨てる。玉ねぎは薄切りにする。レンズ豆は洗ってざるに上げる。
② 鍋に油を熱してスペアリブを入れ、中火で両面焼く。玉ねぎ、Aを加え、油がなじむまで炒める(計5分)。
③ 白ワイン、すりおろしたトマト、レンズ豆、塩を加え、ふたをして中火で2分加熱する。蒸気が出てきたら弱めの中火にし、40〜60分加熱する。

●レンズ豆は浸水させず、洗っただけで加えてOK。大豆やいんげん豆の水煮を使う場合は煮込み時間は約20分で。

 → 　加熱時間 = 47〜67分
中火5分　中火2分
　　　　　+
　　　　弱めの中火
　　　　40〜60分

鶏もも肉と白いんげん豆の
カスレ風

材料（2〜3人分）　万能無水鍋23cm使用
鶏もも肉…1枚
白いんげん豆の蒸しゆで＊
　または水煮缶…150g
豆のゆで汁または水…½カップ
玉ねぎ…½個
トマト水煮(缶詰)…200g
バター…40g
塩、こしょう…各適量
好みでパン粉、オリーブ油…各少々

作り方

① 鶏肉は大きめのひと口大に切り、塩小さじ½、こしょう少々をふってまぶす。玉ねぎは薄切りにする。トマト水煮は細かくつぶす。

② 鍋にバターをとかして鶏肉を入れ、中火で両面を焼き、玉ねぎを加えて炒める(計9分)。

③ 豆、豆のゆで汁または水、トマト水煮、塩、こしょう各少々を加え、ふたをして中火で30分加熱する。

④ 器に盛り、好みでオリーブ油で炒めたパン粉をふる。

＊乾燥白いんげん豆の蒸しゆでは、p.20の大豆と同様に作る。

●鶏肉は焼き色がつくまで焼いて端に寄せ、玉ねぎを加え、しんなりするまで炒める。

南仏の郷土料理カスレをアレンジ。
万能無水鍋でふたをして蒸し煮にすると肉がジューシー。

 → = 加熱時間
中火9分　中火30分　39分

カポナータ

材料（2〜3人分） 万能無水鍋23cm使用
なす…1本
ズッキーニ…1本
パプリカ…1個
玉ねぎ…1/2個
トマト水煮(缶詰)…200g
プルーン(種抜き)…6個
にんにく(つぶす)…1かけ
オリーブ油…大さじ2
A バルサミコ酢…大さじ2
　塩…小さじ1/2
　こしょう…少々

作り方
① へたを除いたなす、ズッキーニは縦四つに切ってから2cm幅に切る。パプリカはへたと種を除いて2cm角に切る。玉ねぎも2cm角に切る。トマト水煮は細かくつぶす。プルーンはみじん切りにする。
② 鍋に油、にんにくを入れて中火にかけ、香りが立ったら玉ねぎ、なす、ズッキーニ、パプリカの順に加えて6分炒める。
③ トマト水煮、プルーン、Aを加えてふたをし、弱火で20分加熱する。

○玉ねぎ、なすなどは油との相性がいい野菜。しんなりするまで炒めると、野菜の甘みが引き出される。

イタリア風野菜のトマト煮。
プルーンを加えると、ぐんとコクと甘みが出ます。

  加熱時間
中火6分 → 弱火20分 = 26分

蒸し煮

ホワイトシチュー

材料（2〜3人分）　万能無水鍋23cm使用
鶏胸肉…1枚
じゃがいも…1個
にんじん…1/2本
玉ねぎ…1/2個
ブロッコリー…1/3個
オリーブ油…大さじ1/2
A 水…1 1/2カップ
　白ワイン…大さじ2
　ローリエ…1枚
B バター（常温のもの）…30g
　小麦粉…大さじ3
生クリーム…1/2カップ
塩、こしょう…各適量

作り方

① 鶏肉はひと口大に切り、塩、こしょう各少々をふる。じゃがいもは皮をむき、玉ねぎとともにひと口大に切る。にんじんは皮をむき、小さめの乱切りにする。ブロッコリーは小房に分ける。Bは混ぜておく。

② 鍋に油を熱し、鶏肉、にんじん、玉ねぎ、じゃがいもを入れ、中火で3分炒める。Aを加えてふたをし、中火で10〜12分加熱する。

③ Bに、②の煮汁を少しずつ加えて溶きのばし、これを②に加えてよく混ぜる。

④ ふたをしないで、弱火で7〜8分加熱する。途中でブロッコリーを加えて火を通し、最後に生クリームを加えて2〜3分煮、塩小さじ1/3、こしょう少々で味を調える。

●とろみに使うのは、小麦粉とバターを混ぜたもの（ブール・マニエ）。煮汁を加えて溶きのばし、鍋に入れる。

ルーやスープのもとを加えなくても
クリーミーでやさしい味わいに仕上がります。

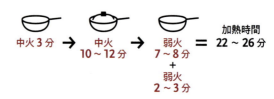

中火3分 → 中火10〜12分 → 弱火7〜8分＋弱火2〜3分 ＝ 加熱時間22〜26分

ビーフストロガノフ

材料(2人分)　万能無水鍋23cm使用
牛切り落とし肉…200g
小麦粉…大さじ1
玉ねぎ…½個
マッシュルーム…1パック
バター…20g
A　水…½カップ
　　白ワイン…大さじ2
　　レモン汁…大さじ½
生クリーム…½カップ
塩、こしょう…各適量
白飯…300g
パセリ(みじん切り)…少々

作り方
① 牛肉は4～5cm長さに切り、塩、こしょう各少々をふる。玉ねぎ、マッシュルームは薄切りにする。
② 鍋にバターの半量をとかし、牛肉に小麦粉をまぶして入れ、中火で1分ほど炒め、色が変わったら取り出す。続けてバターの残り、玉ねぎ、マッシュルームを入れ、5分ほど薄く色づくまで炒める。
③ ②に肉を戻し、Aを加え、ふたをして中火で2～3分加熱する。ふたを取り、生クリーム、塩小さじ½、こしょう少々を加えて中火で1分煮る。
④ 器に白飯を盛ってパセリをふり、③を盛る。

万能無水鍋なら、ほぼ10分で完成。簡単なのに、ごちそう感いっぱい。

○肉は長く炒めるとかたくなりやすいので、さっと炒めて取り出し、野菜を炒めたところに戻す。

中火1分
+
中火5分
→
中火
2～3分
→
中火1分
＝
加熱時間
9～10分

蒸し煮

39

3 蒸し炒め

炒め物の油が控えられて火の通りもよく、上手に仕上がります。

素材に油をかけてふたをし、無水でまず蒸し、火が通ったら、調味料を加えて短時間で炒めます。油も少なめですむので、カロリーもおさえられます。

なすとピーマンの甘みそ炒め

材料（2人分）　万能無水鍋23cm使用
なす…4本
ピーマン…2個
サラダ油…小さじ1〜2
A みそ…大さじ1
　砂糖、しょうゆ…各小さじ1
　酒…大さじ½
七味とうがらし…少々

作り方
① なすはへたを取って乱切りに、ピーマンはへたと種を除いて乱切りにし、鍋に入れ、油を回しかける。

強火2分 ＋ 中火3分 → 中火1〜2分 ＝ 加熱時間 6〜7分

② ふたをして、強火で2分加熱する。蒸気が出てきたら、中火にして3分加熱する。

③ ②の調理の間にAを混ぜる。ふたを取った加熱後の状態。

④ 混ぜ合わせたAを回し入れ、中火で1〜2分炒めて調味料をからめる。

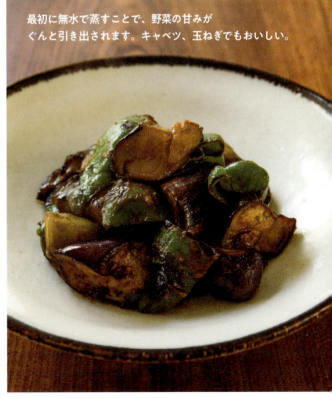

最初に無水で蒸すことで、野菜の甘みがぐんと引き出されます。キャベツ、玉ねぎでもおいしい。

⑤ でき上がり。器に盛り、七味とうがらしをふる。

野菜はシャキッと歯ごたえよく、味もよくからみます。

無水で蒸すことで、ごぼうとにんじんの持つうまみが引き出されます。

きんぴらごぼう

材料（2人分）　万能無水鍋23cm使用
ごぼう…½本
にんじん…⅓本
赤とうがらし(小口切り)…1本分
ごま油…小さじ1～2
A　しょうゆ、砂糖、酒…各大さじ½
　　みりん…小さじ1

作り方
① ごぼうは表面をこすって洗い、斜め薄切りにしてから細切りにする。にんじんは皮をむき、同様に切る。Aは混ぜておく。
② 鍋に油、赤とうがらしを熱し、ごぼう、にんじんを入れ、ふたをして<u>強火にかけ、2分加熱する</u>。ふたを取り、上下を返し、再びふたをして<u>中火で3分加熱する</u>。
③ ふたを取って、Aを加え、<u>中火で3分</u>、汁気がほとんどなくなるまで炒める。

● 野菜を蒸してやわらかくしたあと、炒めながら調味料をからめる。

強火2分 + 中火3分 → 中火3分 ＝ 加熱時間 8分

蒸し炒め

白菜とえびのクリーム煮

材料（２人分）　万能無水鍋23cm使用
白菜…300ｇ
長ねぎ…1/3本
えび…200ｇ
A しょうが汁…小さじ１
　塩、こしょう…各少々
　片栗粉…小さじ１
サラダ油…小さじ１〜２
B 牛乳…1/2カップ
　酒…小さじ２
　ごま油、片栗粉…各小さじ１
　塩…小さじ1/2

作り方
① 白菜は葉と芯に分け、葉はざく切り、芯は大きめのひと口大のそぎ切りにする。長ねぎは斜め薄切りにする。えびは殻と尾を取り、背に切れ目を入れて背わたを除き、**A**をもみ込む。**B**は混ぜておく。
② 鍋に油を熱し、白菜の芯、葉、ねぎの順に入れ、ふたをして強火にかけ、２分加熱する。ふたを取り、上下を返し、再びふたをして中火で１分加熱する。
③ ふたを取り、えびを加えて中火で２分炒める。えびの色が変わったら**B**を加え、混ぜながら２分煮立ててとろみをつける。

○先に白菜を無水で蒸し、しんなりしたら端に寄せ、空いたところでえびを炒める。

水も中華スープのもとも加えず、野菜の水分と牛乳で仕上げるクリーム煮。

 → ＝ 加熱時間 ７分
強火２分　　中火２分
＋　　　　　＋
中火１分　　中火２分

かりかりに焼いたそばに
オイスターソース風味の炒め物がよく合います。

牛肉ときのこの かた焼きそば

材料（2人分）　万能無水鍋23cm使用
牛切り落とし肉…200g
A［しょうゆ、酒…各小さじ½］
片栗粉…小さじ1
しめじ…1パック
まいたけ…1パック
生しいたけ…2枚
にんにく（つぶす）…1かけ
サラダ油…小さじ1〜2
B オイスターソース、酒…各小さじ2
　しょうゆ…小さじ1
　砂糖…小さじ½
　塩、こしょう…各少々
中華蒸しめん…2玉
油…大さじ4

作り方

① 牛肉は食べやすい大きさに切り、**A**をもみ込む。しめじ、まいたけは小房に分ける。しいたけは石づきを除き、半分にそぎ切りにする。**B**は混ぜておく。
② 鍋にサラダ油を熱し、にんにく、きのこ類を入れ、ふたをして強火にかけ、2分加熱する。ふたを取り、上下を返し、再びふたをして中火で2分加熱する。
③ 肉に片栗粉をふってもみ込み、ふたを取って②に加え、ほぐしながら中火で炒め、肉に火が通ったら**B**を加えて炒め合わせる（計4分）。かた焼きそばの上にのせ、好みで粗びき黒こしょうをふる。
★かた焼きそばは、中華蒸しめん1玉につき、好みの油大さじ2を熱した鍋に入れ、木べらで押しつけながら両面を焼く。

強火2分
＋
中火2分
→ 中火4分 ＝ 加熱時間 8分
（めんの時間は除く）

ご飯にのせてどんぶりにしてもおいしい。
具は全部そろえなくても、あるものでOK。

八宝菜

材料（2人分）　万能無水鍋23cm使用
えび…100g
A 酒、片栗粉…各小さじ1
　こしょう…少々
豚ロース薄切り肉…100g
B［しょうゆ、酒…各小さじ½］
片栗粉…小さじ1
干ししいたけ…2枚
白菜…150g
にんじん…¼本
ゆでたけのこ…½本
うずらの卵…6個
しょうが（薄切り）…1かけ分
絹さや（筋を除く）…6枚
サラダ油…大さじ½
C 水…½カップ
　酒、片栗粉…各大さじ½
　しょうゆ、酢…各小さじ1
　中華スープのもと、砂糖…各小さじ½
　塩…小さじ⅓
ごま油…少々

作り方

① えびは殻、尾、背わたを除き、**A**をもみ込む。豚肉は3cm長さに切り、**B**をもみ込む。干ししいたけは水につけてもどし、軸を除き、2等分に切る。白菜は葉と芯に分け、葉はざく切り、芯はひと口大のそぎ切りにする。にんじんは皮をむいて短冊切り、ゆでたけのこは薄切りにする。**C**は混ぜておく。

② 鍋にサラダ油を熱し、しょうが、白菜の芯、葉、にんじん、しいたけ、ゆでたけのこを順に入れ、ふたをして強火にかけ、2分加熱する。ふたを取り、上下を返し、再びふたをして中火で2分加熱する。

③ 肉に片栗粉をふってもみ込み、ふたを取って②に加え、えびも加え、中火で2分炒める。**C**、絹さや、うずらの卵を加え、混ぜながら3分炒め合わせる。仕上げにごま油をふる。好みで温かいご飯にのせて。

○野菜は万能無水鍋でふたをして無水で蒸しゆでに。うまみが逃げず、仕上がりも水っぽくならない。

強火2分 + 中火2分 → 中火2分 + 中火3分 = 加熱時間 9分

蒸し炒め

4 揚げる

万能無水鍋なら、1カップの油でカラッ、サクッと揚がります。

熱伝導率のいいアルミニウムの万能無水鍋。熱が鍋全体に均一に回るので、少ない油で揚げ物が上手にできます。しかも、油の減りも少なく、油の処理も注ぎ口からできて簡単。

油淋鶏（ユーリンチー）

材料（2人分）　万能無水鍋26cm使用

- 鶏もも肉…2枚
- **A** 塩…小さじ½
- 　こしょう…少々
- 片栗粉…適量
- サラダ油…1カップ
- サニーレタス…2枚
- **B** 長ねぎ（みじん切り）…⅓本分
- 　しょうが（みじん切り）…1かけ分
- 　にんにく（みじん切り）…1かけ分
- 　酢…大さじ2
- 　しょうゆ…大さじ2
- 　砂糖、水、ごま油…各大さじ1

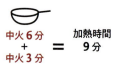

中火6分 + 中火3分 ＝ 加熱時間 9分

作り方 ① 鶏もも肉は身の厚い部分に何本か切り込みを入れ、Aをすり込む。

② 肉全体に片栗粉をまぶし、軽くはたいて余分な粉を落とす。

26cmの万能無水鍋なら鶏肉2枚が一度にOK。皮もパリパリ、中はジューシー。

③ 鍋に油を入れて熱し、油が温まったら、皮面を下にして肉を入れ、中火で6分揚げる。
④ 裏返し、さらに3分揚げる。

⑤ 取り出して肉を食べやすい大きさに切り、レタスを敷いた皿に盛る。Bを混ぜてかける。

揚げてから、たれをからめる、かけるで、味つけ自由自在。

揚げた鶏肉に甘辛だれをからめた韓国風から揚げ。おかずにもおやつにも。

ヤンニョンチキン

材料（2人分）　万能無水鍋26㎝使用
鶏胸肉…2枚
A 塩、こしょう…各少々
　酒…大さじ1
小麦粉…大さじ6
卵…1個
サラダ油…1カップ
B コチュジャン、はちみつ…各大さじ1½
　トマトケチャップ…大さじ3
　酢、水…各大さじ1
　しょうゆ…小さじ2
　にんにく（すりおろし）…1かけ分
えごまの葉…適量

作り方
① 鶏肉は小さめの一口大に切って**A**をもみ込み、小麦粉をまぶし、卵を加えてよく混ぜる。
② 鍋に油を入れて熱し、油が温まってきたら①を一つずつ入れ、中火で4分揚げ、裏返して3分揚げる。
③ ボウルに**B**を合わせ、②を加えてあえる。器にえごまの葉を敷いて盛る。

●油は1カップ、鶏肉の高さの半分がつかればOK。油は120℃くらいの低温から入れ、じっくり揚げる。

中火4分
＋
中火3分
＝
加熱時間
7分

揚げる

48

カラッと揚げたあじに、甘酸っぱいたれをかけて。作りおきにもぴったり。

あじの南蛮だれがけ

材料（2人分）　万能無水鍋23cm使用
あじ（三枚におろしたもの）…6枚（3尾分）
塩、こしょう…各少々
小麦粉…適量
ししとうがらし…12本
サラダ油…1カップ
玉ねぎ…1/4個
A　だし汁…大さじ4
　　酢、しょうゆ…各大さじ2
　　砂糖…大さじ1
　　赤とうがらし（小口切り）…1本分
　　しょうが（細切り）…1かけ分

作り方
① あじは半分に切り、塩、こしょうをふって10分おき、出た水気はペーパータオルでふく。ししとうはへたを除き、1cm幅に切れ目を入れる。
② Aは合わせ、玉ねぎを薄切りにして加え、混ぜておく。
③ 鍋に油を入れて熱し、ししとうを入れて中火で20秒ほど揚げ、取り出す。あじに小麦粉をまぶし、油に入れ、中火で2分揚げ、裏返して2分揚げる。
④ 器に③を盛り、②をかける。

○魚の身は崩れやすいので、加熱中はいじりすぎないこと。薄く色づいたくらいで裏返して。

中火20秒
＋
中火2分
＋
中火2分
＝
加熱時間
4分20秒

揚げてから、炒めます。つまみや中華風の料理も簡単。

じゃがいもは、少なめの冷たい油に入れ、色づくまで煮るように火を通して。

フライドポテト風

材料（2人分）　万能無水鍋26cm使用
じゃがいも…2個
玉ねぎ…¼個
ベーコン（ブロック）…50g
サラダ油…1カップ
塩…小さじ½
粗びき黒こしょう…少々
パセリ（みじん切り）…少々

作り方

① じゃがいもは皮つきのままよく洗い、1cm厚さの輪切りにする。玉ねぎは薄切りにする。ベーコンは5mm角の棒状に切る。

② 鍋に油、じゃがいもを入れ、中火で10分こんがり色づくまで揚げる。

③ 火を止めてふたをし、ふたのHAL印を鍋の注ぎ口に合わせ、油をきる。

④ ふたを取り、じゃがいもを端に寄せて玉ねぎ、ベーコンを加え、中火で4分炒め合わせる。玉ねぎが色づいてきたら、塩、こしょうをふって混ぜ、パセリをふる。

●万能無水鍋は油きりが簡単。HAL印を注ぎ口に合わせ、鍋を傾けて油をきる。

中火10分 → 火を止めて油をきる → 中火4分 ＝ 加熱時間 14分

熱伝導率がいい万能無水鍋なら、
豆腐もカラッと香ばしく揚がります。

揚げ豆腐の肉みそ炒め

材料（2人分）　万能無水鍋23cm使用
木綿豆腐…1丁
豚ひき肉…150g
A　しょうが（すりおろし）…1かけ分
　　にんにく（すりおろし）…1かけ分
　　みそ…大さじ1½
　　酒…大さじ1
　　豆板醤…小さじ1
　　砂糖…小さじ1
万能ねぎ…½束
サラダ油…1カップ

作り方
① 豆腐はペーパータオルに包み、重しをして30分おいて水気をきり、縦半分に切ってから横6等分に切る。豚ひき肉はAを加え、箸で混ぜて10分おく。万能ねぎは3cm幅に切る。
② 鍋に油を入れて火にかけ、油が温まったら豆腐を1切れずつ入れ、中火で8分ほどこんがりするまで揚げる。
③ 火を止めてふたをし、ふたのHAL印を鍋の注ぎ口に合わせ、油をきる。
④ ふたを取って、豆腐を端に寄せ、ひき肉を加え、中火で炒める。パラパラになったら豆腐と炒め合わせ、ねぎを加えてざっと混ぜる（計4分）。

 → →
中火8分　　火を止めて　　中火4分　＝　加熱時間 12分
　　　　　　油をきる

●揚げた豆腐は端に寄せ、空いたところでひき肉を炒める。

黒酢酢豚

材料(2人分)　万能無水鍋23cm使用
豚もも肉(とんかつ用)…300g
A しょうゆ、酒…各大さじ½
　　しょうが(すりおろし)…1かけ分
とき卵…½個分
片栗粉、小麦粉…各大さじ2
パプリカ…½個
ピーマン…1個
サラダ油…1カップ
B 水…½カップ
　　黒酢…大さじ3
　　砂糖…大さじ2
　　しょうゆ…大さじ1
　　片栗粉…小さじ1

作り方
① 豚肉は3cm幅に切り、**A**をもみ込み、10分おく。パプリカ、ピーマンは、へたと種を除き、小さめの乱切りにする。**B**は混ぜておく。
② 肉に卵、片栗粉、小麦粉を加えてもみ混ぜる。
③ 鍋に油を入れて火にかけ、油が温まったら、肉を1切れずつ入れる。強めの中火で3分揚げる。裏返して2分揚げ、パプリカとピーマンも加えて、30秒ほど肉と一緒に揚げる。
④ 火を止めてふたをし、ふたのHAL印を鍋の注ぎ口に合わせ、油をきる。
⑤ ふたを取り、**B**を加え、混ぜながら中火で1分ほど煮立ててとろみをつけ、具材にからめる。

●肉を揚げて全体が色づいてきたら、最後30秒は野菜を加えて一緒に揚げる。

肉、野菜を揚げたら、ふたをして油をきり、調味料をからめるだけ。

強めの中火 3分 + 強めの中火 2分 + 強めの中火 30秒 → 火を止めて油をきる → 中火1分 ＝ 加熱時間 6分30秒

えびのチリソース

材料（2人分）　万能無水鍋23cm使用
えび…300g
A［しょうゆ、酒…各小さじ1］
片栗粉…大さじ2
サラダ油…1カップ
B 玉ねぎ（みじん切り）…¼個分
　にんにく（みじん切り）…1かけ分
　しょうが（みじん切り）…1かけ分
豆板醤…小さじ1
C トマト…1個
　トマトケチャップ…大さじ2
　しょうゆ…小さじ1
　酒…大さじ½

作り方
① えびは殻と尾を取り、背から切れ目を入れて背わたを除き、Aをもみ込む。Cのトマトはすりおろし（残った皮は除く）、Cの他の材料と混ぜる。
② 鍋に油を入れて火にかける。えびに片栗粉をまぶし、油が温まったら入れ、強火で2分揚げる。
③ 火を止めてふたをし、ふたのHAL印を鍋の注ぎ口に合わせ、油をきる。えびは取り出す。
④ ふたを取り、Bを入れ、中火で2分炒める。香りが立ったら豆板醤を加えて30秒ほど炒め、Cを加え、混ぜながら1分ほど煮立ててとろみをつけ、えびを戻してからめる。

●えびは長時間加熱するとかたくなるので、揚げたら一度取り出し、たれを作ったところに戻す。

大人気の中華メニューをご家庭で。
えびがぷりっぷりに仕上がるのは、鍋の熱効率がいい証拠。

強火2分 → 火を止めて油をきる → 中火2分 + 中火30秒 + 中火1分 ＝ 加熱時間 5分30秒

揚げる

マーボーなす

材料(2人分)　万能無水鍋23cm使用
なす…4本
豚ひき肉…150g
酒…大さじ2
サラダ油…1/2カップ
A 長ねぎ(みじん切り)…1/3本分
　　しょうが(みじん切り)…1かけ分
　　にんにく(みじん切り)…1かけ分
豆板醤…小さじ1
B 水…1/3カップ
　　しょうゆ…小さじ2
　　甜麺醤…小さじ2
　　黒酢…小さじ1
　　片栗粉…小さじ1

作り方

① なすは皮を縞状にむき、大きめの乱切りにする。豚ひき肉に酒を加えて箸で混ぜ、10分おく。**B**は混ぜておく。

② 鍋に油、なすを入れ、ときどき返しながら強火で4分揚げる。

③ 火を止めてふたをし、ふたのHAL印を鍋の注ぎ口に合わせ、油をきる。なすは取り出す。

④ 空いた鍋に**A**を入れて中火にかけ、香りが立ったら豆板醤、ひき肉を順に加え、パラパラになるまで炒める(計3分)。

⑤ ④になすを戻し、**B**を加え、中火で混ぜながら1分ほど煮立て、とろみがついたらなすにからめる。

○なすは油で色づくまで揚げたあと、ひき肉を炒めたところに戻し入れる。

なすが色鮮やかに揚がります。
肉みそがよくからまって、ご飯のおかずに最高!

さばのコチュジャン煮

材料(2人分) 万能無水鍋23cm使用
さば(三枚におろしたもの)…1/2尾分
A しょうが汁、酒、ごま油…各小さじ1
　塩…少々
小麦粉…適量
とき卵…1/2個分
サラダ油…1/2カップ
B 玉ねぎ(みじん切り)…1/4個分
　水…1/2カップ
　砂糖、しょうゆ、コチュジャン
　　　…各大さじ1/2
　にんにく(すりおろし)…1かけ分
にら(小口切り)…少々

作り方
① さばは骨を除いて2cm厚さのそぎ切りにし、Aをからめて10分おく。さばの水気をふき、小麦粉をまぶす。
② Bは混ぜておく。
③ 鍋に油を入れて火にかける。①のさばに卵を加えてからめ、油が温まったら1切れずつ入れ、中火で2分揚げ、裏返して2分揚げる。
④ 火を止めてふたをし、ふたのHAL印を鍋の注ぎ口に合わせ、油をきる。
⑤ ④の鍋にBを加え、ふたはしないで中火にかけ、煮立ったら2分煮る。器に盛り、にらを散らす。

揚げたさばに韓国風の甘辛だれをからめて。
あじやいわしなどでもおいしい。

○さばを揚げたら、ふたをして油をきる。鍋に残ったさばにたれを加えて。

 → → ＝ 加熱時間 6分
中火2分　　火を止めて　　中火2分
＋　　　　油をきる
中火2分

揚げる

肉好きは必見！とにかくお肉がふっくらジューシーに焼けます。

5 蒸し焼き

熱回りのいいアルミニウムの万能無水鍋。高温で一気に焼き目をつけたあと、ふたをして弱火で蒸し焼きにすると、かたまり肉でも薄切り肉でもかたくなりません。

焼き豚

材料(作りやすい分量) 万能無水鍋23cm使用
豚肩ロース肉(かたまり)…500g
長ねぎの青い部分…5cm
A 塩…小さじ½
　砂糖…大さじ2
　甜麺醤…小さじ2
　しょうゆ…大さじ½
　酒…大さじ2
　五香粉…小さじ¼
　しょうがの皮…1かけ分
サラダ油…大さじ1
長ねぎ…⅓本
香菜…1株

作り方
① ポリ袋にAを入れて混ぜ、豚かたまり肉、ねぎの青い部分を入れる。袋ごとよくもみ、空気を抜いて口を閉じ、冷蔵庫で一晩おく。

強火4分 → 弱火50分 → 中火6分 ＋ 中火2分 ＝ 加熱時間 62分

② 肉は焼く2時間前に冷蔵庫から出しておく。鍋に油を熱し、肉の汁気をきって入れ、<u>強火で4分</u>、表面に焼き色がつくまで焼く。

③ 一緒に漬け込んだねぎをのせ、ふたをして、<u>弱火で50分加熱する</u>。

④ 肉を取り出し、袋の漬け汁を入れ、<u>中火で6分</u>煮つめる。

⑤ とろみがついてきたら、肉を戻し入れ、<u>中火で2分</u>ほどからめる。

お店の料理にも負けない本格派の味。
無水調理でゆっくり加熱するので、
とろけるような肉のやわらかさ。

⑥ 肉を薄くスライスして皿に盛り、白髪ねぎ、香菜を添える。

57

万能無水鍋で、かたまり肉のごちそう料理が手軽にできます。

●まわりを焼いた肉の下に野菜を敷いて蒸し焼きに。野菜の水分で肉がしっとりした食感に仕上がる。

ローストビーフ

材料(作りやすい分量)　万能無水鍋23cm使用
牛もも肉(かたまり)…500g
オリーブ油…大さじ½
A 玉ねぎ(薄切り)…¼個分
　にんじん(薄切り)…¼本分
　セロリ(薄切り)…1本分
ブランデーまたは白ワイン…大さじ2
水…½カップ
クレソン…1束
ホースラディッシュまたはわさび(各すりおろし)
　…適量
塩、こしょう、粗びき黒こしょう…各適量

作り方
① 牛肉は焼く2時間前に冷蔵庫から出し、室温に戻す。焼く直前に塩小さじ1、粗びき黒こしょう少々をすり込む。
② 鍋に油を熱して牛肉を入れ、強火で四面(長い辺の面)を各1分30秒ずつ焼きつける。
③ 肉の下にAを敷き、ブランデーまたは白ワインを回し入れ、ふたをして弱火で10分加熱する。火を止め、そのまま10分おく。肉をアルミホイルの上に取り出し、包んで10分おく。
④ ソースを作る。③の鍋に分量の水、アルミホイルに出た肉汁も加え、中火にかけ、半量になるまで煮つめる。塩小さじ⅓、こしょう少々を加え、ふたのHAL印を鍋の注ぎ口に合わせて汁をきり、それをソースにする。
⑤ ③の肉をスライスして皿に盛り、クレソン、ホースラディッシュまたはわさびを添え、ソースをかける。

強火1分30秒×4 → 弱火10分 + 火を止め放置10分 → アルミホイルに包み放置10分 ＝ 加熱時間 16分 (ソースの時間は除く)

蒸し焼き

万能無水鍋でふたをして蒸し焼き。
これが絶妙な火の通し加減&肉がやわらかい秘密です。

切り身肉、薄切り肉がやわらかく、しっとり焼き上がって。

ふたをして放置する時間を変えるだけで、余熱による火の通しぐあいが調節できます。

ステーキ

材料（2人分）　万能無水鍋23cm使用
牛肉（ステーキ用・1.5cm厚さ）…2枚
A　塩…小さじ½
　　粗びき黒こしょう…少々
B　バター（室温に戻す）…20g
　　パセリ（みじん切り）…小さじ½
　　レモン汁…小さじ1
オリーブ油…大さじ½
トレビス、ルッコラなど…各適量
C［オリーブ油、ワインビネガー、塩、こしょう
　　…各適量］

作り方

① 牛肉は焼く30分前に冷蔵庫から出し、室温に戻しておく。Bは混ぜてラップに包み、2cm角ぐらいにし、冷蔵しておく。

② 肉に焼く直前にAをふる。鍋に油を熱して肉を入れ、強火で1分焼く。裏返して1分焼き、火を止め、ふたをして30秒〜3分おいて好みの加減（30秒→レア、90秒→ミディアムレア、3分→ミディアム）に火を通す。

③ 器に②を盛り、Bを半分に切ってのせる。ちぎった野菜類をCであえて添える。

● 1.5cm厚さの肉で、焼き時間は強火で裏表1分ずつ。1cm厚さなら裏表40秒ずつを目安に。

強火1分　→　火を止め放置　＝　加熱時間
　＋　　　　30秒〜3分　　　　2分
強火1分

蒸し焼き

余熱でゆっくり火を通すから、肉がぱさつかずに、なめらかな舌触りに。

ローストポーク

材料(作りやすい分量)　万能無水鍋23cm使用
豚ロース肉(かたまり)…500g
A 塩…小さじ2
　砂糖…小さじ1
オリーブ油…大さじ½
ベビーリーフ…2パック
B 練りマスタード…大さじ3
　はちみつ…大さじ1
　塩…少々

作り方
① 豚肉にAをすり込み、ポリ袋に入れて口を閉じ、冷蔵庫に入れて1日おく。焼く2時間前に冷蔵庫から出し、室温に戻す。
② 鍋に油を熱し、肉の水気をふいて入れ、<u>強火で四面(長いほうの辺)を各1分30秒ずつ焼き</u>、焼き目をつける。ふたをして弱火にし、<u>30分加熱する。火を止め、1時間</u>そのままおく。
③ 肉をスライスし、皿に盛る。ベビーリーフ、Bを混ぜ合わせて添える。

○まわりに焼き色をつけたら、ふたをして弱火で加熱。火を止めたあとも、ふたをして冷ますのがコツ。

蒸し焼き

ひき肉料理は焼きむらがなく、肉汁も逃しません。

●ひき肉だねはよく練り混ぜてから空気を抜き、ラップで成形する。

ミートローフ

材料（2〜3人分）　万能無水鍋23cm使用
合いびき肉…400g
玉ねぎ…1/2個
A パン粉…1カップ
　　とき卵…1個分
　　塩…小さじ1/3
　　こしょう…少々
サラダ油…大さじ1・1/3
かぶ…2個
にんじん…1/2本
スナップえんどう…10個
白ワイン…大さじ2
B トマト…1個
　　中濃ソース…大さじ2
　　オイスターソース…大さじ1
塩、こしょう…各適量

作り方
① 玉ねぎはみじん切りにする。かぶは茎を1cm残して切り落とし、皮をむいてくし形6等分に切る。にんじんは皮をむいて1cm厚さの輪切りにする。スナップえんどうは筋を除く。**B**のトマトは皮つきのまますりおろし、残った皮は除く。
② 鍋に油小さじ1を熱し、玉ねぎを弱火で1分、しんなりするまで炒める。取り出して冷ます。
③ ボウルに②、**A**を混ぜ、肉を加えて練り混ぜる。肉だねをボウルの底にたたきつけて空気を抜く。
④ ラップを30×40cmの大きさに広げ、③を置いてラップで包み、両端をねじって長方形に成形する。
⑤ 鍋に油大さじ1を熱し、④のラップをはがして入れ、強めの中火で5分、全面を焼く。ふたをして弱火にし、20分焼く。
⑥ ふたを取り、肉のまわりに野菜を置く。再びふたをし、中火で3分加熱する。火を止め、そのまま10分おく。ミートローフと野菜を器に取り出す。
⑦ ソースを作る。鍋の脂を除き、白ワインを入れ、中火で煮立ててアルコール分を飛ばす。**B**を加え、中火で煮立て、とろみがついたら塩、こしょうで味を調える。⑥に添える。

弱火1分
＋
強めの中火
5分
→
弱火20分
＋
中火3分
＋
火を止め放置
10分
＝
加熱時間
29分
（ソースの時間は除く）

蒸し焼き

人が集まる日のごちそうメニューも、
万能無水鍋ひとつで完成！

ハンバーグ

材料(2人分)　万能無水鍋23cm使用
牛ひき肉…300g
玉ねぎ…¼個
A パン粉…½カップ
　牛乳…大さじ3
　とき卵…1個分
　塩…小さじ¼
　こしょう…少々
サラダ油…大さじ½
赤ワイン…大さじ3
B しょうゆ…大さじ1
　砂糖…小さじ1
　バター…10g
サニーレタス(一口大)、
　ラディッシュ(薄切り)…各適量

作り方
① 玉ねぎはみじん切りにする。
② ボウルに①、**A**を入れて混ぜ、ひき肉を加え、しっかり練り混ぜる。肉だねをボウルの底にたたきつけて空気を抜く。2等分にし、手に油(分量外)をつけて小判形に成形する。
③ 鍋に油を熱し、②を並べ入れる。強火で1分焼き、中火にして3分焼く。裏返して強火で1分焼く。ふたをして弱火にし、7分加熱する。取り出して皿に盛る。
④ ソースを作る。鍋の脂を除き、赤ワインを入れ、中火で煮立ててアルコール分を飛ばす。**B**を加え、中火で1分ほどとろみがつくまで煮立てる。
⑤ ③に④のソースをかけ、レタスとラディッシュを添える。

○表面の焼き色をしっかりつけることで、肉汁を逃さない。ふたをして蒸し焼きにして火を通して。

ナイフを入れると肉汁がしたたる、洋食屋さんのようなジューシーなでき上がり。

強火1分 → 弱火7分 → 中火1分 = 加熱時間 13分
＋
中火3分
＋
強火1分

鶏の照り焼き

材料（2人分）　万能無水鍋23cm使用
鶏もも肉…小さめ2枚
A［酒、しょうが汁…各小さじ1］
サラダ油…大さじ½
ししとうがらし…12本
B しょうゆ、酒…各大さじ1
　　砂糖、みりん…各大さじ½
粉ざんしょう…少々

作り方
① 鶏肉は身の厚い部分に何本か切り込みを入れる。Aをすり込み、室温に20分おく。ししとうはへたを除き、縦に1本切り込みを入れる。
② 鍋に油を熱し、水気をふいた鶏肉の皮を下にして入れ、強火で5分、ときどきへらでぎゅっと押しながら、皮をこんがり焼く。裏返して、ふたをして中火にし、5分焼く。
③ ふたを取り、ししとう、Bを入れ、中火で2分ほど煮立てながら煮汁をからめる。
④ 器にししとうと、食べやすく切った肉を盛り、煮汁をかける。粉ざんしょうをふる。

○へらで押さえつけて焼くことで、皮の余分な脂がしみ出して、さらにパリパリに。へらは必ず木べらを使って。

皮はパリッと中はジューシー。
熱回りのいいアルミニウムの万能無水鍋だからこその焼き上がり。

 強火5分 → 中火5分 → 中火2分 ＝ 加熱時間 12分

蒸し焼き

豚のしょうが焼き

材料(2人分)　万能無水鍋26cm使用
豚肩ロース肉(しょうが焼き用)…300g
玉ねぎ…1/4個
サラダ油…大さじ1/2
A　しょうが(すりおろし)…1かけ分
　　にんにく(すりおろし)…1かけ分
　　しょうゆ…大さじ2
　　砂糖…大さじ1/2
キャベツ(せん切り)…100g
トマト…小1個
パセリ…少々

作り方

① 豚肉はたたいて広げ、2mm厚さほどにする。玉ねぎは薄切りにする。Aは混ぜておく。
② 鍋に油を熱し、火にかけて肉を並べられる分だけ入れる。強火で1分焼き、裏返してふたをし、火を止めて1分そのままおく。ふたを取り、肉を取り出し、残りの肉も同様に焼く。
③ ふたを取り、肉を戻し、玉ねぎ、Aを加え、強火で1〜2分煮立てながら煮汁をからめる。
④ 器にキャベツ、パセリ、くし形に切ったトマトを盛り、③を汁ごと盛る。

●熱伝導率のいいアルミニウムの万能無水鍋で焼くと、きれいな焼き色に。裏返したら火を止めて。

1分焼いて裏返したら、ふたをして蒸らす。万能無水鍋で作ると、肉がかたくなりません。

ポークチャップ

材料（2人分）　万能無水鍋23cm使用
豚肩ロース肉（とんかつ用）…2枚
塩、こしょう…各少々
グリーンアスパラガス…1束
オリーブ油…小さじ1
A トマトケチャップ…大さじ3
　　水…大さじ2
　　ウスターソース…大さじ1
　　バター…10g
レモン（くし形切り）…適量

作り方
① 豚肉はたたいて1.5倍の大きさに広げ、筋を切って、元の大きさに形を整える。アスパラガスは下のかたい皮をピーラーでむき、長さを3等分に切り、蒸しゆでにする（p.8参照）。
② 豚肉は焼く直前に塩、こしょうをふる。鍋に油を熱し、盛ったとき上になるほうを下にして入れる。強火で2分焼き、裏返して1分焼く。火を止め、ふたをして2分そのままおく。肉を取り出し、皿に盛る。
③ 空いた鍋に**A**を入れ、中火で1分ほど煮立て、とろみがついたら火を止める。肉にかけ、①のアスパラガスとレモンを添える。

○ふたをして蒸らすことで、鍋の熱が全体に回り、肉の水分を逃さないので、しっとり焼き上がる。

高温でまわりを香ばしく焼き、ふたをして余熱で蒸らします。
しっかり火は通るのに、肉はやわらか。

強火2分 + 強火1分 → 火を止め放置 2分 → 中火1分 ＝ 加熱時間 4分
（アスパラガスのゆで時間は除く）

蒸し焼き

粉もの料理も卵焼きもふわふわ、感動の焼き上がり！

生地にすりおろした大和芋を加え、万能無水鍋でふたをして蒸し焼きに。ケーキのようなふわふわの仕上がり。

お好み焼き

材料（2人分） 万能無水鍋23cm使用
キャベツ…200g
豚バラ薄切り肉…100g
薄力粉…1カップ
大和芋（すりおろし）…30g
だし汁…1カップ
とき卵…1個分
揚げ玉…10g
サラダ油…小さじ1
A［お好み焼き用ソース、マヨネーズ、青のり、紅しょうが、削り節…各適量］

作り方

① キャベツは細切りにする。豚肉は5cm長さに切る。
② ボウルに大和芋、だし汁、とき卵を入れて泡立て器で混ぜる。薄力粉を加え、粉気がなくなるまでさらに混ぜ、30分室温におく。
③ ②にキャベツ、豚肉、揚げ玉を加えて混ぜる。
④ 鍋に油を熱し、③を流し入れる。ふたをして、<u>弱めの中火で8分焼く</u>。ふたを取り、裏返し、再びふたをして弱火で5分焼く。
⑤ 器に盛り、Aをかける

○ひっくり返すときは、ふたにスライドさせてから鍋をかぶせて。ふたの裏側もフッ素樹脂加工なのでくっつかない。

蒸し焼き

弱めの中火 8分 + 弱火5分 ＝ 加熱時間 13分

スペイン風オムレツ

材料(作りやすい分量)　万能無水鍋23cm使用
じゃがいも…3個
玉ねぎ…½個
ベーコン…4枚
オリーブ油…大さじ3
A 卵…6個
　粉チーズ…大さじ4
　塩、こしょう…各少々
　にんにく(すりおろし)…少々
イタリアンパセリ…少々

作り方
① じゃがいもは皮をむき、1cm厚さのいちょう切りにする。玉ねぎは薄切りにする。ベーコンは細切りにする。
② 鍋に油大さじ2を熱し、玉ねぎ、ベーコン、じゃがいもの順に入れ、その都度中火で炒める(計4分)。水大さじ2を加え、ふたをして弱めの中火で8分加熱する。
③ ボウルにAを合わせて混ぜ、②を加えて混ぜる。
④ 鍋をふいて油大さじ1を熱し、③を入れて平らに広げ、中火にかけて、1分ほど木べらで大きく混ぜる。卵が固まってきたら、ふたをして中火で5分焼く。ふたを取り、裏返し、再びふたをして中火で4分焼く。器に盛り、イタリアンパセリを添える。

● 大きくかき混ぜ、卵が半熟ほどになったら、ふたをする。ここで火を通しすぎないのがポイント。

野菜を炒める、卵を焼くのも万能無水鍋ひとつで。
野菜は季節のものや冷蔵庫にあるもので。

中火4分 → 弱めの中火8分 → 中火1分 → 中火5分＋中火4分 ＝ 加熱時間 22分

蒸し焼き

鍋内の水蒸気を逃さず、ふっくら蒸し上げます。

6 じか蒸し

万能無水鍋に材料を並べ、少ない水を入れて、ふたをして火にかけるだけ。ウォーターシール効果で気密性が高まり、蒸気が鍋内を効率よく回るので、短時間でふっくら蒸し上がります。万能無水鍋は深さがあるので、茶碗蒸し用の器も入ります。

蒸し鶏

材料(4人分) 万能無水鍋23cm使用

- 鶏もも肉…1枚
- 鶏胸肉…1枚
- 塩…小さじ1
- 水…½カップ
- 長ねぎの青い部分…5cm
- しょうがの皮…1かけ分
- 香菜…適量

作り方

① 鶏肉全体に塩をふり、よくすり込み、室温に20分おく。

強火2分
＋
中火3分
＋
火を止め放置
5分
＝
加熱時間
5分

② 鍋に分量の水を入れ、肉を皮を下にして入れ、ねぎ、しょうがをのせ、ふたをして強火で2分加熱する。蒸気が上がってきたら、中火にして3分加熱する。

③ 火を止め、ふたを取って肉を裏返す。再びふたをして、5分そのままおく。

④ バットに肉を香味野菜と汁ごと出し、ラップを汁につかるようにかけ、室温に冷めるまでおく。

鶏もも肉はしっとりジューシー。
胸肉はつるんとなめらかな蒸し上がり。
辛みをきかせたよだれ鶏風のたれで召し上がれ。

⑤ 切り分け、たれ★をかけて、香菜をのせる。

★鍋にごま油大さじ2、にんにく(みじん切り)、しょうが(みじん切り)各1かけ分を弱火にかけ、薄く色づいたら、豆板醤小さじ1を炒める。香りが出たら火を止め、しょうゆ、黒酢各大さじ2、砂糖、白ごま各小さじ1、粉ざんしょう小さじ1/3を混ぜる。

シュウマイ

材料（8個分）　万能無水鍋23cm使用
シュウマイの皮 …20枚
豚ひき肉…200g
玉ねぎ…½個
片栗粉…適量
A 塩…小さじ⅓
　しょうゆ、しょうが汁…各小さじ1
　砂糖…小さじ½
　ごま油…小さじ2
グリーンピース…8個

作り方
① シュウマイの皮は細切りにする。玉ねぎはみじん切りにして耐熱容器に入れ、電子レンジ600Wで40秒加熱し、取り出して冷ます。ふきんに包んで水気を絞り、片栗粉大さじ2をまぶす。
② ボウルにひき肉、A、①の玉ねぎを順に加え、その都度よく混ぜる。8等分にして丸め、底以外の部分に①の皮をまぶす。
③ 鍋に②を並べ、グリーンピースは片栗粉少々をまぶしてからのせる。
④ 鍋に水¼カップを注ぎ、ふたをして強火にかけ、2分加熱する。蒸気が上がってきたら中火にし、10分加熱する。

●鍋にじかに並べて蒸し上げるため、溶けてしまう底部分には皮が触れないよう、細切りの皮は上と側面だけにまぶす。

じか蒸し

強火2分 + 中火10分 = 加熱時間 12分

肉だねを皮で包まず、だんごにして細切りの皮をまぶす作り方。酢じょうゆやからしをつけてどうぞ。

なめらかでプリッとした食感に蒸し上がります。
最後に、ふたを取って焼き目をつければ焼きギョウザに。

蒸しえびギョウザ

材料(12個分)　万能無水鍋23cm使用

ギョウザの皮…12枚
豚ひき肉…50g
むきえび…150g
長ねぎ(みじん切り)…10cm分
しょうが(みじん切り)…1かけ分
A 酒、片栗粉、サラダ油、ごま油…各大さじ1
　塩…小さじ1/4
　こしょう…少々
サラダ油…小さじ1/2

強火2分
＋
中火10分
＝
加熱時間
12分

作り方
① えびは背わたを除いて刻んでから包丁で軽くたたいて粘りを出す。
② ボウルにひき肉、①を入れ、長ねぎ、しょうが、Aを順に加え、その都度よく混ぜる。12等分にする。
③ ギョウザの皮の中央に、等分した②をのせ、皮の縁にぐるりと水をぬり、半分に折ってひだを寄せてとめる。
④ 鍋に油を熱して③を並べ、水1/2カップを注ぎ、ふたをして強火にかけ、2分加熱する。蒸気が出てきたら、中火にして10分加熱する。

●二つ三つひだを寄せてとめる。蒸し上がりは酢じょうゆのほか、酢＋粉ざんしょうで食べてもおいしい。

万能無水鍋は深さがあるので、茶碗蒸しも器ごと蒸すことが可能。
なめらかな茶碗蒸しができます。

茶碗蒸し

材料(2個分)　万能無水鍋23cm使用
卵…1個
A だし汁…¾カップ
　塩、しょうゆ…各小さじ¼
鶏ささ身…1本
しょうゆ、酒…各少々
生しいたけ…2枚
三つ葉…4本

作り方
① 鶏ささ身はひと口大のそぎ切りにし、しょうゆ、酒をまぶす。しいたけは軸を除いて3等分のそぎ切りにする。三つ葉は葉を摘み、茎は1cm長さに切る。
② ボウルに**A**を入れて混ぜ、卵をときほぐしてこす。
③ 耐熱の器に①のささ身を入れ、②を注ぎ、三つ葉の葉（少し取り分けておく）と茎、しいたけを入れる。それぞれにアルミホイルをかぶせる。
④ 鍋底にペーパータオルを敷き、水2カップを注いで火にかける。温まってきたら③を入れてふたをし、まず<u>強火で2分</u>、次に<u>弱火にして10分加熱する</u>。
⑤ ふたを取って器を取り出し、アルミホイルを外し、取り分けておいた三つ葉の葉をのせる。

●器が加熱中にがたがたしないよう、ペーパータオルを鍋底に敷いて器をのせて。

強火2分
＋
弱火10分
＝
加熱時間
12分

じか蒸し

中華点心の「大根もち」を蓮根にアレンジ。
蓮根は大根より水分が少ないので、家庭でも作りやすいです。

蓮根もち

材料(作りやすい分量)　万能無水鍋23cm使用
蓮根…大1節(300g)
干しえび…10g
ぬるま湯…大さじ1
A 塩…小さじ1/4
　片栗粉…大さじ3
ごま油…小さじ1
B 酢、しょうゆ…各大さじ1/2
　豆板醬…小さじ1/2

作り方

① 干しえびは分量のぬるま湯につけて30分ほどおき、やわらかくなったらみじん切りにし、もどし汁に入れておく。
② 蓮根は皮をむき、すりおろしてボウルに入れ、①を汁ごと入れ、Aを加えてよく混ぜる。
③ 鍋に油をひいて熱し、②を入れて平らに広げる。ふたをして中火で3分加熱する。ふたを取り、裏返して再びふたをし、中火で3分加熱する。
④ 食べやすく切って器に盛り、Bを合わせたたれを添える。

●鍋底に広げ、ゴムべらで軽く押しつけるようにして、表面を平らに整える。

中火3分
＋
中火3分
＝
加熱時間
6分

短時間で炊けて、ふっくら、お米が立つ炊き上がり。

7 炊く

鍋と共ぶたがぴたりと合い、上下から熱がよく回るため水分がしっかり対流。だから米一粒一粒が立ち、ふっくらもちもちに炊き上がります。白いご飯はもちろん、炊き込みご飯やおこわまで、この鍋ひとつでこなします。

白飯

材料（2合分）　万能無水鍋23cm使用
白米…2合
水…2カップ

強火2分
＋
弱火10分　＝　加熱時間 12分
＋
火を止め
蒸らす10分

作り方 ① 米は洗ってざるに上げ、5分おく。鍋に入れ、分量の水を注ぎ、30分浸す。

② ふたをして強火にかけ、2分ほどして蒸気が出てきたら、弱火にして10分加熱する。火を止め、10分そのままおく。

③ 炊き上がり。ふたを取り、米粒をつぶさないよう底から返す。

蒸らし時間を入れて約22分でご飯が炊けます。冷めてもおいしいので塩むすびに。

塩むすび。ご飯が熱いうちに塩適量をふり、にぎる。

かやくご飯

材料（4人分）　万能無水鍋23cm使用
米…2合
水…1¾カップ
鶏もも肉…½枚
A［砂糖、しょうゆ、酒…各大さじ1］
にんじん…¼本
生しいたけ…2枚
ごぼう…⅙本
油揚げ…1枚
絹さや…10枚
塩…小さじ½

作り方
① 米は洗ってざるに上げ、5分おく。鍋に入れ、分量の水を注ぎ、30分浸す。
② 鶏肉は1cm角に切り、Aをからめて10分おく。
③ にんじんは皮をむいて細切り、しいたけは石づきを除き、薄切りにする。ごぼうは表面をこすって洗い、ささがきにする。油揚げは熱湯でさっとゆで、水をきり、短い辺を半分に切ってから細切りにする。
④ ①の鍋に塩を混ぜ、②、③をのせる。ふたをして強火で加熱。2分ほどして蒸気が出てきたら、弱火にして10分加熱する。火を止め、10分そのままおく。
⑤ ④の間に絹さやを熱湯でゆでて細切りにする。④のふたを取って絹さやを加え、底から混ぜる。

● 具材を米に混ぜると、米の対流が悪くなり、べたっとした仕上がりになるので、必ず上にのせること

肉は豚やひき肉に、野菜はほかに蓮根、アスパラ、いんげんなどアレンジいろいろ。

強火2分
＋
弱火10分
＋
火を止め蒸らす10分
＝
加熱時間 12分

えびピラフ

材料(4人分)　万能無水鍋23cm使用
米…2合
玉ねぎ…½個
むきえび…200g
マッシュルーム…1パック
バター…30g
A 塩…小さじ½
　こしょう…少々
　白ワイン…大さじ1
塩…小さじ½
湯…360㎖
パセリ(みじん切り)…少々

作り方
① 米は洗い、ざるに上げて5分おく。玉ねぎはみじん切りにする。むきえびは背わたを除く。マッシュルームは薄切りにする。
② 鍋にバター10gを熱し、マッシュルームを中火で炒める。しんなりしたら、えびを加え、えびの色が変わるまで炒める。Aを入れ、さっと炒める(計3分)。バットに取り出し、アルミホイルをかぶせて保温しておく。
③ 鍋を熱してバター20gをとかし、玉ねぎを中火で炒める。玉ねぎが透き通ってきたら米を入れ、米に油が回るまで炒める(計5分)。
④ ③に塩、分量の湯を加え、ふたをして強火に2分かける。蒸気が出てきたら、弱火にして10分加熱する。
⑤ 火を止め、ふたを開けて②を入れ、再びふたをして10分おく。底から混ぜ、仕上げにパセリをふる。

●具と米を一緒に炊くと、ピラフ特有のパラパラ感が出にくいので、具は別に炒めて、米が炊き上がってから加えて。

米はバターで炒めてから炊き、
炊き上がったところで炒めておいた具材と合わせて仕上げます。

中火3分　→　強火2分　＝　加熱時間 20分
＋　　　　　＋
中火5分　　弱火10分
　　　　　　＋
　　　　火を止め蒸らす
　　　　　10分

炊く

79

もち米を使った赤飯やおこわも、家庭で気軽に作れます。

もち米と米が半々の配合なので、粘りすぎず子どもやお年寄りも食べやすい。

赤飯

材料（4人分）　万能無水鍋23cm使用
- もち米…1合
- 米…1合
- ささげ…50g
- 水…2カップ
- A［塩、みりん…各小さじ1］
- 黒ごま…少々

作り方
① もち米、米は合わせて洗い、ざるに上げて5分おく。ボウルに入れ、水1カップを加えて30分浸す。
② ささげは洗って鍋に入れ、水1カップを入れて強火にかけ、2〜3分たって煮立ったら、ふたをして中火で30分加熱する。ざるでこし、ゆで汁と豆に分ける。
③ 空いた鍋に①、②のゆで汁160ml（足りない場合は水を加える）、Aを入れて混ぜ、ふたをして強火で2分加熱する。蒸気が出てきたら、弱火にして10分加熱する。火を止め、ふたを開けて②のささげをのせ、ふたをして10分おく。
④ 底からさっくりと混ぜ、器に盛って、黒ごまをふる。

●ささげのゆで汁を加えて炊くことで色が出る。ゆで汁160mlに足りないときは水を足す。ゆでたささげは蒸らすときに加える。

強火2〜3分 → 中火30分+強火2分+弱火10分+火を止め蒸らす10分 = 加熱時間 44〜45分

中華風おこわ

中華風ちまきを、もち米と米半々の配合にし、家庭で作りやすいレシピにアレンジ。

材料（4人分） 万能無水鍋23cm使用
もち米…1合
米…1合
水…1½カップ
焼き豚(p.56参照、または市販のもの)…100g
ゆでたけのこ…小1個
干ししいたけ…4枚
甘栗…8粒
長ねぎ(粗みじん切り)…½本分
ごま油、サラダ油…各大さじ1
A しょうゆ…大さじ1½
　塩…小さじ⅓
　酒…大さじ3

作り方
① もち米、米は合わせて洗い、ざるに上げて5分おく。ボウルに入れ、分量の水を加えて30分浸す。
② 焼き豚、たけのこは1cm角に切る。干ししいたけは水に浸してもどし、軸を除き、1cm角に切る。甘栗は半分に切る。
③ 鍋に油を熱し、長ねぎを中火で炒める。香りが立ったら、②の材料を加えて炒め、Aを加えて炒め、バットに取り出す(計4分)。
④ 空いた鍋に①を入れて、③を汁ごとのせ、ふたをして強火に2分かける。蒸気が出てきたら弱火にし、10分加熱する。火を止め、10分そのままおく。ふたを取り、底からさっくりと混ぜて、好みでゆでたグリーンピースを加える。

○炒めて味つけした具材を、炊き込みご飯同様に、浸水させた米の上にのせて炊くだけ。

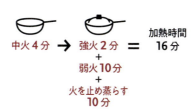

8 デザート

万能無水鍋はオーブン代りの天火調理ができます。

厚手の万能無水鍋は、オーブンのようにケーキを焼くことも可能。少量の水を入れて蒸し器にすればプリンが、フライパンのように使ってパンケーキを。大学いものような揚げて作るお菓子も得意です。

チーズケーキ

材料（万能無水鍋23cm 1個分）
- グラハムクラッカー…80g
- とかしバター（無塩）…40g
- クリームチーズ（室温に戻す）…200g
- サワークリーム…200g
- 塩…ひとつまみ
- 砂糖…80g
- 卵…1個
- 卵黄…1個分
- バニラオイル…少々
- レモン汁…大さじ1
- 薄力粉…大さじ2
- ブルーベリー、ミント、粉糖…各適量

ごく弱火 50分 ＝ 加熱時間 50分

準備
クッキングシートを鍋の直径より少し大きめに切り、四隅を丸く切って、鍋に敷く。

作り方 ① グラハムクラッカーはフードプロセッサーにかけて細かく砕き、とかしバターを混ぜる。準備した鍋の底に平らに丸く広げ、押しつける。

② ボウルにクリームチーズ、サワークリームを入れ、泡立て器でなめらかになるまで混ぜる。塩、砂糖、卵、卵黄を順に加え、その都度よく混ぜる。

③ バニラオイル、レモン汁、薄力粉を加え、さらによく混ぜる。

砕いたグラハムクラッカーを鍋底に敷き、生地を流し、ふたをして火にかけるだけ。型も必要ありません。

④ ①の鍋に流し入れる。

⑤ ふたをして、ごく弱火にかけ、50分加熱する。冷めたら鍋から取り出し、冷蔵庫で30分冷やす。

⑥ 切り分けて器に盛り、粉糖をふって、ブルーベリーとミントを飾る。

83

カステラ

材料（万能無水鍋23cm 1個分）
卵…2個
砂糖…80g
A サラダ油、はちみつ…各大さじ2
　牛乳…大さじ1
強力粉…80g

準備
クッキングシートを鍋の直径より少し大きめに切り、四隅を丸く切って、鍋に敷く。

作り方
① ボウルに卵を割り入れ、ハンドミキサー（なければ泡立て器）で全体に白っぽくなり、細かい泡が立つまで混ぜる。砂糖を3回に分けて加え、その都度ハンドミキサーで泡立て、すくったときリボン状に流れ落ちて跡がしっかり残る状態にする。
② Aを加え、ゴムべらで混ぜる。粉をふるい入れ、底からさっくりと混ぜる。
③ 準備した鍋に流し入れ、ふたをして<u>弱火にかけ、40分焼く</u>（焦げそうなときは、餅焼き網を間に敷くといい）。
④ 焼き上がったらクッキングシートごと取り出し、ケーキクーラーの上に置いて冷ます。

● 焼き上がったら、クッキングシートごと取り出し、ケーキクーラーの上にのせて。

万能無水鍋でふんわりケーキ。鍋に直接流すので、型も不要。オーブンに負けない焼き上がりです。

デザート

 弱火 **40**分 ＝ 加熱時間 **40**分

84

ヨーグルトパンケーキ

材料（6枚分） 万能無水鍋23cm使用
プレーンヨーグルト…400mℓ
卵黄…2個分
A 薄力粉…½カップ
　ベーキングパウダー…小さじ½
　塩…ひとつまみ
卵白…2個分
砂糖…大さじ2
バター、メープルシロップ、くるみ…各適量
バナナ…1本

作り方

① ヨーグルトはペーパータオルを敷いたざるにのせて約1時間おき、水きりをする（水きり後は250mℓくらいになるように調整。水をきりすぎたら、出た水分を戻す）。

② ボウルに①、卵黄を入れてゴムべらでよく混ぜる。Aをざるでふるいながら加え、さっくりと混ぜ合わせる。

③ 別のボウルに卵白を入れ、ハンドミキサーで泡立てる。大きな泡が立ったら、砂糖を加え、しっかり角が立つまで泡立てる。

④ ②に③を2回に分けて加え、ゴムべらで底から返すように、やさしくさっくりと混ぜ合わせる。

⑤ 鍋にバターを薄くひき、④の生地大さじ3を入れ、<u>弱めの中火で8分焼く</u>。裏返してふたをし、<u>2分焼いて</u>、器に取り出す。残りの生地も同様に焼く。

⑥ ⑤にバナナをのせて、メープルシロップをかけ、くるみを散らす。

● 裏返すときは木べらやシリコン製などのへらで。金属製のへらの使用はNG。

水きりヨーグルト、泡立てた卵白が入って、ふわふわの軽い食感。生地は泡をつぶさないようやさしく混ぜて。

弱めの中火8分 → 弱めの中火2分 ＝ 加熱時間10分

デザート

プリン

材料（2個分）　万能無水鍋23cm使用
牛乳…½カップ
生クリーム…½カップ
卵黄…2個分
砂糖…大さじ2
バニラオイル…少々
A｜砂糖…大さじ1½
　｜水…小さじ1
湯…小さじ2

作り方
① 小鍋にAを入れてよく混ぜ、中火にかける。薄く色づいてきたら小鍋を大きく動かしながら、濃い茶色になるまで煮つめる。火を止め、スプーンを伝わせて分量の湯を入れ、よく混ぜる。
② 耐熱の器に①を等分に分けて入れ、冷ましておく。
③ ボウルに卵黄、砂糖、バニラオイルを入れて泡立て器でよく混ぜる。
④ 別の小鍋に牛乳、生クリームを入れて中火にかけ、人肌くらいに温まったら、③に少しずつ加え、ゴムべらでよく混ぜる。
⑤ ④を茶こしなどでこしながら、②に等分に分けて入れ、アルミホイルをかぶせる。
⑥ 鍋に湯を2cm高さほど入れ、ペーパータオルを二重にして敷き、⑤を上にのせる。ふたをして、ごく弱火で20分加熱する。
⑦ 鍋から取り出し、粗熱を取り、冷蔵庫で3時間以上冷やす。

●加熱中の振動や火の当たりをやわらかくするために、ペーパータオルを敷いた上にのせて。

口どけなめらか、ふるふるの食感のプリンです。
洋菓子店の本格派の味わいを家庭で再現！

ごく弱火
20分
＝
加熱時間
20分
（プリンだけ）

デザート

86

大学いも

材料(作りやすい分量)　万能無水鍋23cm使用
さつまいも…1本(250g)
サラダ油、砂糖…各大さじ3
しょうゆ…小さじ1/2
黒いりごま…少々

作り方
① さつまいもは皮つきのまま乱切りにし、15分水にさらす。
② ①の水気をふき、鍋に入れて、上に油を回しかけ、砂糖、しょうゆを全体にふる。
③ ふたをして、弱めの中火で3分加熱する。ふたを取り、いもの上下を返す。再びふたをして3分加熱する。これをあと2回繰り返す
④ 火を止めてふたをし、ふたのHAL印を鍋の注ぎ口に合わせ、油をきる。
⑤ ふたを取って、再び中火にかけ、残った汁をいもにからめながら2分ほど加熱する。器に盛り、ごまをふる。

● いもに焼き色がついて、煮汁がカラメルのように茶色に色づき、粘りが出てくるまで加熱する。

万能無水鍋なら、いも、油、調味料を一度に入れ、揚げながらたれにからめるというすご技で作れます！

デザート

藤井 恵 ふじい・めぐみ
料理研究家、管理栄養士。センスのいい暮らしから生まれる、作りやすい毎日の料理が人気。また、健康や栄養に関する知識を生かし、体にいい料理レシピの提案も評判をよんでいる。『藤井恵の「すぐ使えるストック」』『「味つけ冷凍」の作りおき』(文化出版局)、『和えサラダ』(主婦と生活社)、『藤井恵さんの体にいいごはん献立』(学研プラス)など著書多数。

ブックデザイン　若山嘉代子　L'espace
撮影　竹内章雄
スタイリング　大畑純子
調理アシスタント　上條詔子、西原佳江、窪田恵美
校閲　山脇節子
編集　杉岾伸香
　　　浅井香織(文化出版局)

協力　株式会社HALムスイ
　　　広島県広島市安佐南区長束3丁目44-17-8
　　　電話082-239-1200　Fax082-239-1201
　　　ホームページ https://www.musui.co.jp/

アルミニウムの安全性について
アルミニウムは地殻を構成する元素の中で3番目に多い元素であり、土壌、水および空気中に存在し、容器、自動車、航空機などに幅広く使用されています。かつてアルミニウムとアルツハイマー病の因果関係が一部で問題視されたことがありましたが、アルミニウムはヒトを含むいかなる種においても、アルツハイマー病の病変を示すことはないとWHO(世界保健機関)のレポートが明確にしています。

無水調理だけじゃない、1鍋8役。
「万能無水鍋」におまかせ！毎日のごはん

2019年10月28日　第1刷発行

著　者　藤井 恵
発行者　濱田勝宏
発行所　学校法人文化学園 文化出版局
　　　　〒151-8524 東京都渋谷区代々木3-22-1
　　　　電話03-3299-2565(編集)
　　　　　　03-3299-2540(営業)
印刷所　凸版印刷株式会社
製本所　大口製本印刷株式会社

©Fujii Office 2019　Printed in Japan
本書の写真、カット及び内容の無断転載を禁じます。

本書のコピー、スキャン、デジタル化等の無断複製は著作権法上での例外を除き、禁じられています。
本書を代行業者等の第三者に依頼してスキャンやデジタル化することは、たとえ個人や家庭内での利用でも著作権法違反になります。

文化出版局のホームページ　http://books.bunka.ac.jp/